KB138483

일빵빵 +
왕초보 일본어 3

2018년 11월 5일 초판 1쇄 발행

기　　　획　|　일빵빵어학연구소
감　　　수　|　이시이 나오미
펴 낸 곳　|　토마토출판사
주　　　소　|　경기도 파주시 회동길 216 2층
T E L　|　1544-5383
홈페이지　|　www.tomato-books.com
등　　　록　|　2012.1.1

# 3

## 동사의 활용 편

토마토
출판사

# 이 책의 구성

---

## 문장구조

기초적으로 알아야 하는 문법 요소를 '넣었다 뺐다' 공식을 통해
배워봅니다. 빈칸에 원하는 단어를 넣으면 말하고 싶은 문장을
만들 수 있습니다.


## 단어공부

한 강의당 10개의 단어를 공부합니다.
이 책에는 JLPT N5~N3 수준의 **어렵지 않은 단어들만** 실었으며
배운 단어를 자연스럽게 복습할 수 있도록 구성했습니다.

## 문장만들기

이제 직접 문장을 만들어 봅시다. '문장구조'에서 배운
기초 문법을 토대로 하여 '단어 공부'에서 배운 단어를
넣어보며 문장 만드는 연습을 해보세요.


## 문장듣고따라하기

배웠던 문장구조에 유의하며 책에 수록된 문장들을
원어민 발음으로 듣고 따라 해 보세요.


## 배운문장연습하기

강의 내용을 제대로 익혔는지 확인해 봅시다.
제시된 한국어 문장을 보면서 일본어 문장을 만들어 보고,
'연습문제 정답'을 통해 몇 개나 맞았는지 확인해 보세요.

# 일빵빵
## 왕초보 일본어는

---

**하나,**
인터넷과 스마트폰으로 언제, 어디서나
쉽게 공부할 수 있습니다.

**둘,**
초보자의 눈높이에 딱 맞는 난이도로,
꼭 필요한 내용들을 골라 구성하였습니다.

**셋,**
가장 기본적인 발음부터 문법, 회화까지
일본어의 기본기를 확실히 다질 수 있습니다.

이제 **일빵빵**과 함께
일본어의 첫걸음을 내딛어 보세요!

일빵빵의 모든 강의는
"Let's 일빵빵"을 통해 들을 수 있습니다

스마트폰의 앱스토어 또는 플레이스토어에서
"일빵빵"을 검색해서 "Let's 일빵빵" 앱을 설치 후 청취하세요.

일빵빵 공식 페이스북 | www.facebook.com/ilbangbang
일빵빵 공식 트위터 | www.twitter.com/ilbangbang
일빵빵 공식 인스타그램 | '일빵빵' 검색
일빵빵 공식 카카오스토리채널 | '일빵빵' 검색
일빵빵 공식 유튜브채널 | '일빵빵' 검색
* 2019년부터 어플 운영 사정상 일빵빵 강의는 유료 청취로 전환될 수 있습니다.

# 목차 일빵빵 왕초보 일본어 3

■ 동사의 활용
41~58강

# 41강　함께 쇼핑해요

## 문장구조

동사의 **ます형** + **ましょう**
<br>~해요, 합시다

동사의 **ます형** + **ましょうか**
<br>~할까요?

## 단어공부

| | | | |
|---|---|---|---|
| かえ<br>**帰る** | 돌아가다 | ある<br>**歩く** | 걷다 |
| あそ<br>**遊ぶ** | 놀다 | はじ<br>**始める** | 시작하다 |
| りょこう<br>**旅行する** | 여행하다 | か もの<br>**買い物** | 쇼핑 |
| ひる はん<br>**昼ご飯** | 점심식사 | **おんせん** | 온천 |
| いっしょ<br>**一緒に** | 함께 | **そろそろ** | 슬슬 |

문장을 만들어 봅시다.

<ruby>帰<rt>かえ</rt></ruby>る → り　　　+ ましょう

돌아가다　　　　　　　　~해요, 합시다

<ruby>歩<rt>ある</rt></ruby>く → き　　　+ ましょうか

걷다　　　　　　　　　~할까요?

<ruby>遊<rt>あそ</rt></ruby>ぶ → び

놀다

<ruby>始<rt>はじ</rt></ruby>める

시작하다

<ruby>旅行<rt>りょこう</rt></ruby>する → し

여행하다

## 문장듣고따라하기

いっしょ　かえ
# 一緒に帰りましょう。

함께 돌아가요.

いっしょ　かえ
# 一緒に帰りましょうか。

함께 돌아갈까요?

いっしょ　がっこう　い
# 一緒に学校へ行きましょう。

함께 학교에 가요.

いっしょ　がっこう　い
# 一緒に学校へ行きましょうか。

함께 학교에 갈까요?

いっしょ　い
# 一緒におんせんに行きましょう。

함께 온천에 가요.

文장을 듣고 따라 해 봅시다.

一緒におんせんに行きましょうか。

함께 온천에 갈까요?

一緒に買い物をしましょう。

함께 쇼핑해요.

一緒に買い物をしましょうか。

함께 쇼핑할까요?

明日、一緒に遊びましょう。

내일 함께 놀아요.

明日、一緒に遊びましょうか。

내일 함께 놀까요?

## 문장듣고따라하기

<ruby>駅<rt>えき</rt></ruby>まで<ruby>歩<rt>ある</rt></ruby>きましょう。

역까지 걸읍시다.

<ruby>駅<rt>えき</rt></ruby>まで<ruby>歩<rt>ある</rt></ruby>きましょうか。

역까지 걸을까요?

<ruby>昼<rt>ひる</rt></ruby>ご<ruby>飯<rt>はん</rt></ruby>を<ruby>一緒<rt>いっしょ</rt></ruby>に<ruby>食<rt>た</rt></ruby>べましょう。

점심 같이 먹어요.

<ruby>昼<rt>ひる</rt></ruby>ご<ruby>飯<rt>はん</rt></ruby>を<ruby>一緒<rt>いっしょ</rt></ruby>に<ruby>食<rt>た</rt></ruby>べましょうか。

점심 같이 먹을까요?

そろそろ<ruby>帰<rt>かえ</rt></ruby>りましょう。

슬슬 돌아갑시다.

そろそろ<ruby>帰<rt>かえ</rt></ruby>りましょうか。

슬슬 돌아갈까요?

<ruby>夏休<rt>なつやす</rt></ruby>みに<ruby>一緒<rt>いっしょ</rt></ruby>に<ruby>旅行<rt>りょこう</rt></ruby>しましょう。

여름방학에 함께 여행해요.

<ruby>夏休<rt>なつやす</rt></ruby>みに<ruby>一緒<rt>いっしょ</rt></ruby>に<ruby>旅行<rt>りょこう</rt></ruby>しましょうか。

여름방학에 함께 여행할까요?

そろそろかいぎを<ruby>始<rt>はじ</rt></ruby>めましょう。

슬슬 회의를 시작합시다.

そろそろかいぎを<ruby>始<rt>はじ</rt></ruby>めましょうか。

슬슬 회의를 시작할까요?

## 배운문장연습하기

**01.** 함께 돌아가요.

**02.** 함께 돌아갈까요?

**03.** 함께 학교에 가요.

**04.** 함께 학교에 갈까요?

**05.** 함께 온천에 가요.

**06.** 함께 온천에 갈까요?

**07.** 함께 쇼핑해요.

**08.** 함께 쇼핑할까요?

**09.** 내일 함께 놀아요.

**10.** 내일 함께 놀까요?

**11.** 역까지 걸읍시다.

**12.** 역까지 걸을까요?

**13.** 점심 같이 먹어요.

**14.** 점심 같이 먹을까요?

**15.** 슬슬 돌아갑시다.

**16.** 슬슬 돌아갈까요?

**17.** 여름방학에 함께 여행해요.

**18.** 여름방학에 함께 여행할까요?

**19.** 슬슬 회의를 시작합시다.

**20.** 슬슬 회의를 시작할까요?

## 연습문제정답

**01.** 함께 돌아가요.

一緒に帰りましょう。

**02.** 함께 돌아갈까요?

一緒に帰りましょうか。

**03.** 함께 학교에 가요.

一緒に学校へ行きましょう。

**04.** 함께 학교에 갈까요?

一緒に学校へ行きましょうか。

**05.** 함께 온천에 가요.

一緒におんせんに行きましょう。

**06.** 함께 온천에 갈까요?

一緒におんせんに行きましょうか。

**07.** 함께 쇼핑해요.

一緒に買い物をしましょう。

**08.** 함께 쇼핑할까요?

一緒に買い物をしましょうか。

**09.** 내일 함께 놀아요.

明日、一緒に遊びましょう。

**10.** 내일 함께 놀까요?

明日、一緒に遊びましょうか。

**11.** 역까지 걸읍시다.

駅まで歩きましょう。

**12.** 역까지 걸을까요?

駅まで歩きましょうか。

**13.** 점심 같이 먹어요.

昼ご飯を一緒に食べましょう。

**14.** 점심 같이 먹을까요?

昼ご飯を一緒に食べましょうか。

**15.** 슬슬 돌아갑시다.

そろそろ帰りましょう。

**16.** 슬슬 돌아갈까요?

そろそろ帰りましょうか。

**17.** 여름방학에 함께 여행해요.

夏休みに一緒に旅行しましょう。

**18.** 여름방학에 함께 여행할까요?

夏休みに一緒に旅行しましょうか。

**19.** 슬슬 회의를 시작합시다.

そろそろかいぎを始めましょう。

**20.** 슬슬 회의를 시작할까요?

そろそろかいぎを始めましょうか。

# 42강 일본에 가고 싶습니다

## 문장구조

동사의 ます형 + たいです
~하고 싶습니다

* 「～たいです」는 주어가 1인칭, 즉 '나'일 때만 쓸 수 있는 표현입니다.

## 단어공부

| | | | |
|---|---|---|---|
| し<br>**知る** | 알다 | やす<br>**休む** | 쉬다 |
| かぞく<br>**家族** | 가족 | かいしゃ<br>**会社** | 회사 |
| しゅうまつ<br>**週末** | 주말 | **コンサート** | 콘서트 |
| **せんたくき** | 세탁기 | **れいぞうこ** | 냉장고 |
| **パソコン** | 컴퓨터 | いろ<br>**色** | 색 |

* 「知る」는 형태는 2그룹이지만 예외적으로 1그룹에 속하는 동사입니다. 활용에 주의하세요.

知<sup>し</sup>る → り　　　＋　たいです
알다　　　　　　　　　　~하고 싶습니다

休<sup>やす</sup>む → み
쉬다

行<sup>い</sup>く → き
가다

買<sup>か</sup>う → い
사다

旅行<sup>りょこう</sup>する → し
여행하다

## 문장듣고따라하기

<ruby>日本<rt>にほん</rt></ruby>に<ruby>行<rt>い</rt></ruby>きたいです。

일본에 가고 싶습니다.

コンサートに<ruby>行<rt>い</rt></ruby>きたいです。

콘서트에 가고 싶습니다.

パソコンが<ruby>買<rt>か</rt></ruby>いたいです。

컴퓨터가 사고 싶습니다.

せんたくきが<ruby>買<rt>か</rt></ruby>いたいです。

세탁기가 사고 싶습니다.

れいぞうこが<ruby>買<rt>か</rt></ruby>いたいです。

냉장고가 사고 싶습니다.

24

<ruby>明<rt>あか</rt></ruby>るい<ruby>色<rt>いろ</rt></ruby>の<ruby>服<rt>ふく</rt></ruby>を<ruby>着<rt>き</rt></ruby>たいです。

밝은 색 옷을 입고 싶습니다.

<ruby>黒<rt>くろ</rt></ruby>い<ruby>服<rt>ふく</rt></ruby>を<ruby>着<rt>き</rt></ruby>たいです。

검은 색 옷을 입고 싶습니다.

<ruby>今日<rt>きょう</rt></ruby>は<ruby>会社<rt>かいしゃ</rt></ruby>を<ruby>休<rt>やす</rt></ruby>みたいです。

오늘은 회사를 쉬고 싶습니다.

<ruby>明日<rt>あした</rt></ruby>は<ruby>家<rt>いえ</rt></ruby>で<ruby>休<rt>やす</rt></ruby>みたいです。

내일은 집에서 쉬고 싶습니다.

<ruby>週末<rt>しゅうまつ</rt></ruby>は<ruby>家族<rt>かぞく</rt></ruby>と<ruby>旅行<rt>りょこう</rt></ruby>したいです。

주말은 가족과 여행하고 싶습니다.

*「と」는 '~와/과', '~와 함께'를 뜻하는 조사입니다.

## 문장듣고따라하기

買い物を<ruby>か</ruby><ruby>もの</ruby>したいです。

買い物をしたいです。

쇼핑하고 싶습니다.


コーヒーが飲みたいです。

커피가 마시고 싶습니다.


大使館で働きたいです。

대사관에서 일하고 싶습니다.


日本語が習いたいです。

일본어가 배우고 싶습니다.


韓国語が習いたいです。

한국어가 배우고 싶습니다.


26

いえ　ある
家まで歩きたいです。

집까지 걷고 싶습니다.

えき　ある
駅まで歩きたいです。

역까지 걷고 싶습니다.

あま　　　　　た
甘いものが食べたいです。

단 것이 먹고 싶습니다.

かのじょ　なまえ　　し
彼女の名前が知りたいです。

그녀의 이름이 알고 싶습니다.

かれ　たんじょうび　し
彼の誕生日が知りたいです。

그의 생일이 알고 싶습니다.

## 배운문장연습하기

**01.**  일본에 가고 싶습니다.

**02.**  콘서트에 가고 싶습니다.

**03.**  컴퓨터가 사고 싶습니다.

**04.**  세탁기가 사고 싶습니다.

**05.**  냉장고가 사고 싶습니다.

**06.**  밝은 색 옷을 입고 싶습니다.

**07.**  검은 색 옷을 입고 싶습니다.

**08.**  오늘은 회사를 쉬고 싶습니다.

**09.**  내일은 집에서 쉬고 싶습니다.

**10.**  주말은 가족과 여행하고 싶습니다.

**11.** 쇼핑하고 싶습니다.

**12.** 커피가 마시고 싶습니다.

**13.** 대사관에서 일하고 싶습니다.

**14.** 일본어가 배우고 싶습니다.

**15.** 한국어가 배우고 싶습니다.

**16.** 집까지 걷고 싶습니다.

**17.** 역까지 걷고 싶습니다.

**18.** 단 것이 먹고 싶습니다.

**19.** 그녀의 이름이 알고 싶습니다.

**20.** 그의 생일이 알고 싶습니다.

## 연습문제정답

**01.** 일본에 가고 싶습니다.
日本に行きたいです。

**02.** 콘서트에 가고 싶습니다.
コンサートに行きたいです。

**03.** 컴퓨터가 사고 싶습니다.
パソコンが買いたいです。

**04.** 세탁기가 사고 싶습니다.
せんたくきが買いたいです。

**05.** 냉장고가 사고 싶습니다.
れいぞうこが買いたいです。

**06.** 밝은 색 옷을 입고 싶습니다.
明るい色の服を着たいです。

**07.** 검은 색 옷을 입고 싶습니다.
黒い服を着たいです。

**08.** 오늘은 회사를 쉬고 싶습니다.
今日は会社を休みたいです。

**09.** 내일은 집에서 쉬고 싶습니다.
明日は家で休みたいです。

**10.** 주말은 가족과 여행하고 싶습니다.
週末は家族と旅行したいです。

11. 쇼핑하고 싶습니다.
    買い物をしたいです。

12. 커피가 마시고 싶습니다.
    コーヒーが飲みたいです。

13. 대사관에서 일하고 싶습니다.
    大使館で働きたいです。

14. 일본어가 배우고 싶습니다.
    日本語が習いたいです。

15. 한국어가 배우고 싶습니다.
    韓国語が習いたいです。

16. 집까지 걷고 싶습니다.
    家まで歩きたいです。

17. 역까지 걷고 싶습니다.
    駅まで歩きたいです。

18. 단 것이 먹고 싶습니다.
    甘いものが食べたいです。

19. 그녀의 이름이 알고 싶습니다.
    彼女の名前が知りたいです。

20. 그의 생일이 알고 싶습니다.
    彼の誕生日が知りたいです。

# 43강 커피를 마시며 신문을 읽었습니다

## 문장구조

### 동사의 ます형 + ながら

~하면서, 하며

* 동사의 ます형에 「~ながら」를 붙이면 '~하면서'라는 뜻이 됩니다. 이 표현은 두 가지 동작이 동시에 일어날 때 쓰입니다.

## 단어공부

| | | | |
|---|---|---|---|
| 待<small>ま</small>つ | 기다리다 | 話<small>はな</small>す | 이야기 하다 |
| 歌<small>うた</small>う | 노래하다 | おどる | 춤추다 |
| うえる | 심다 | 歌詞<small>かし</small> | 가사 |
| 朝<small>あさ</small>ご飯<small>はん</small> | 아침밥 | お菓子<small>かし</small> | 과자 |
| みかん | 귤 | ポップコーン | 팝콘 |

32

<sub>た</sub>
**食べる**
먹다

**+** ながら
~하면서
~하며

<sub>み</sub>
**見る**
보다

<sub>き</sub>
**聞く → き**
듣다

<sub>の</sub>
**飲む → み**
마시다

<sub>よ</sub>
**読む → み**
읽다

<sub>はな</sub>
**話す → し**
말하다

## 문장듣고따라하기

歌詞を見ながら歌いました。

가사를 보며 노래했습니다.

夕飯を食べながら音楽を聞きました。

저녁밥을 먹으며 음악을 들었습니다.

音楽を聞きながら花をうえました。

음악을 들으며 꽃을 심었습니다.

音楽を聞きながらおどりました。

음악을 들으며 춤을 췄습니다.

テレビを見ながら夕飯を食べました。

TV를 보며 저녁밥을 먹었습니다.

本を読<sup>ほん</sup>みながら友達<sup>ともだち</sup>を待<sup>ま</sup>ちました。

책을 읽으며 친구를 기다렸습니다.


お菓子<sup>かし</sup>を食<sup>た</sup>べながら本<sup>ほん</sup>を読<sup>よ</sup>みました。

과자를 먹으며 책을 읽었습니다.


ポップコーンを食<sup>た</sup>べながら映画<sup>えいが</sup>を見<sup>み</sup>ました。

팝콘을 먹으며 영화를 보았습니다.


コーヒーを飲<sup>の</sup>みながら友達<sup>ともだち</sup>を待<sup>ま</sup>ちました。

커피를 마시며 친구를 기다렸습니다.


ラジオを聞<sup>き</sup>きながら公園<sup>こうえん</sup>を散歩<sup>さんぽ</sup>しました。

라디오를 들으며 공원을 산책했습니다.

## 문장듣고따라하기

コーヒーを飲みながら新聞を読みました。

커피를 마시며 신문을 읽었습니다.

昼ご飯を食べながらかいぎをしました。

점심밥을 먹으며 회의를 했습니다.

みかんを食べながらドラマを見ました。

귤을 먹으며 드라마를 봤습니다.

ビールを飲みながら夕飯を食べました。

맥주를 마시며 저녁밥을 먹었습니다.

ラジオを聞きながら家まで歩きました。

라디오를 들으며 집까지 걸었습니다.

문장을 듣고 따라 해 봅시다.

こうえん　さんぽ　　　　　　しゃしん
公園を散歩しながら写真をとりました。

공원을 산책하며 사진을 찍었습니다.


ラジオを聞きながら掃除しました。
き　　　　　　そうじ

라디오를 들으며 청소를 했습니다.


おんがく　き　　　　　　りょうり
音楽を聞きながら料理しました。

음악을 들으며 요리를 했습니다.


かぞく　はな　　　　　　ゆうはん　た
家族と話しながら夕飯を食べました。

가족과 이야기하며 저녁밥을 먹었습니다.


ともだち　はな　　　　　こうえん　さんぽ
友達と話しながら公園を散歩しました。

친구와 이야기하며 공원을 산책했습니다.

## 배운문장연습하기

**01.** 가사를 보며 노래했습니다.

**02.** 저녁밥을 먹으며 음악을 들었습니다.

**03.** 음악을 들으며 꽃을 심었습니다.

**04.** 음악을 들으며 춤을 췄습니다.

**05.** TV를 보며 저녁밥을 먹었습니다.

**06.** 책을 읽으며 친구를 기다렸습니다.

**07.** 과자를 먹으며 만화책을 읽었습니다.

**08.** 팝콘을 먹으며 영화를 보았습니다.

**09.** 커피를 마시며 친구를 기다렸습니다.

**10.** 라디오를 들으며 공원을 산책했습니다.

**11.** 커피를 마시며 신문을 읽었습니다.

**12.** 점심밥을 먹으며 회의를 했습니다.

**13.** 귤을 먹으며 드라마를 봤습니다.

**14.** 맥주를 마시며 저녁밥을 먹었습니다.

**15.** 라디오를 들으며 집까지 걸었습니다.

**16.** 공원을 산책하며 사진을 찍었습니다.

**17.** 라디오를 들으며 청소를 했습니다.

**18.** 음악을 들으며 요리를 했습니다.

**19.** 가족과 이야기하며 저녁밥을 먹었습니다.

**20.** 친구와 이야기하며 공원을 산책했습니다.

## 연습문제정답

**01.** 가사를 보며 노래했습니다.
歌詞を見ながら歌いました。

**02.** 저녁밥을 먹으며 음악을 들었습니다.
夕飯を食べながら音楽を聞きました。

**03.** 음악을 들으며 꽃을 심었습니다.
音楽を聞きながら花をうえました。

**04.** 음악을 들으며 춤을 췄습니다.
音楽を聞きながらおどりました。

**05.** TV를 보며 저녁밥을 먹었습니다.
テレビを見ながら夕飯を食べました。

**06.** 책을 읽으며 친구를 기다렸습니다.
本を読みながら友達を待ちました。

**07.** 과자를 먹으며 만화책을 읽었습니다.
お菓子を食べながらまんがを読みました。

**08.** 팝콘을 먹으며 영화를 보았습니다.
ポップコーンを食べながら映画を見ました。

**09.** 커피를 마시며 친구를 기다렸습니다.
コーヒーを飲みながら友達を待ちました。

**10.** 라디오를 들으며 공원을 산책했습니다.
ラジオを聞きながら公園を散歩しました。

11. 커피를 마시며 신문을 읽었습니다.
    コーヒーを飲みながら新聞を読みました。

12. 점심밥을 먹으며 회의를 했습니다.
    昼ご飯を食べながらかいぎをしました。

13. 귤을 먹으며 드라마를 봤습니다.
    みかんを食べならドラマを見ました。

14. 맥주를 마시며 저녁밥을 먹었습니다.
    ビールを飲みながら夕飯を食べました。

15. 라디오를 들으며 집까지 걸었습니다.
    ラジオを聞きながら家まで歩きました。

16. 공원을 산책하며 사진을 찍었습니다.
    公園を散歩しながら写真をとりました。

17. 라디오를 들으며 청소를 했습니다.
    ラジオを聞きながら掃除しました。

18. 음악을 들으며 요리를 했습니다.
    音楽を聞きながら料理しました。

19. 가족과 이야기하며 저녁밥을 먹었습니다.
    家族と話しながら夕飯を食べました。

20. 친구와 이야기하며 공원을 산책했습니다.
    友達と話しながら公園を散歩しました。

# 44강 이 펜은 사용하기 편합니다

## 문장구조

동사의 **ます형** + **やすいです**
~하기 편합니다, 쉽습니다

동사의 **ます형** + **にくいです**
~하기 어렵습니다

## 단어공부

| | | | |
|---|---|---|---|
| <sup>わ</sup>**分かる** | 알다 | <sup>き</sup>**切る** | 자르다, 썰다 |
| **はく** | (하의를) 입다 | <sup>つか</sup>**使う** | 사용하다 |
| <sup>こた</sup>**答える** | 대답하다 | <sup>せつめい</sup>**説明** | 설명 |
| <sup>はなし</sup>**話** | 이야기 | <sup>いりぐち</sup>**入口** | 입구 |
| **カニ** | 게 | **ブーツ** | 부츠 |

42

## 문장만들기

문장을 만들어 봅시다.

<sup>わ</sup>
**分かる → り**
알다

**+ やすいです**
~하기 편합니다, 쉽습니다

**は < → き**
(하의를) 입다

**+ にくいです**
~하기 어렵습니다

<sup>つか</sup>
**使う → い**
사용하다

<sup>き</sup>
**切る**
자르다

<sup>こた</sup>
**答える**
대답하다

## 문장듣고따라하기

この薬は飲<ruby>薬<rt>くすり</rt></ruby>は飲<ruby>飲<rt>の</rt></ruby>みやすいです。

이 약은 먹기 편합니다.

このブーツは歩<ruby>歩<rt>ある</rt></ruby>きやすいです。

이 부츠는 걷기 쉽습니다.

このくつは、はきやすいです。

이 신발은 신기 쉽습니다.

キムさんの字<ruby>字<rt>じ</rt></ruby>は読<ruby>読<rt>よ</rt></ruby>みやすいです。

김 씨의 글씨는 읽기 쉽습니다.

*字 (じ) : 글자, 글씨

パクさんの話<ruby>話<rt>はなし</rt></ruby>は分<ruby>分<rt>わ</rt></ruby>かりやすいです。

박 씨의 이야기는 알기 쉽습니다.

このペンは使<ruby>使<rt>つか</rt></ruby>いやすいです。

이 펜은 사용하기 편합니다.


この本<ruby>本<rt>ほん</rt></ruby>は読<ruby>読<rt>よ</rt></ruby>みやすいです。

이 책은 읽기 쉽습니다.


この車<ruby>車<rt>くるま</rt></ruby>は運転<ruby>運転<rt>うんてん</rt></ruby>しやすいです。

이 자동차는 운전하기 쉽습니다.


このシャツは着<ruby>着<rt>き</rt></ruby>やすいです。

이 셔츠는 입기 편합니다.


たなか先生<ruby>先生<rt>せんせい</rt></ruby>の説明<ruby>説明<rt>せつめい</rt></ruby>は分<ruby>分<rt>わ</rt></ruby>かりやすいです。

다나카 선생님의 설명은 알기 쉽습니다.

## 문장듣고따라하기

この薬は飲みにくいです。

이 약은 먹기 어렵습니다.


このブーツは、はきにくいです。

이 부츠는 신기 어렵습니다.


このくつは歩きにくいです。

이 신발은 걷기 어렵습니다.


キムさんの字は読みにくいです。

김 씨의 글씨는 읽기 어렵습니다.


このホテルの入口は分かりにくいです。

이 호텔의 입구는 알기 어렵습니다.

このカニは食<sup>た</sup>べにくいです。

이 게는 먹기 어렵습니다.

この新聞<sup>しんぶん</sup>は読<sup>よ</sup>みにくいです。

이 신문은 읽기 어렵습니다.

この車<sup>くるま</sup>は運転<sup>うんてん</sup>しにくいです。

이 자동차는 운전하기 어렵습니다.

その質問<sup>しつもん</sup>には答<sup>こた</sup>えにくいです。

그 질문에는 대답하기 어렵습니다.

キム先生<sup>せんせい</sup>の説明<sup>せつめい</sup>は分<sup>わ</sup>かりにくいです。

김 선생님의 설명은 알기 어렵습니다.

## 배운문장연습하기

**01.** 이 약은 먹기 편합니다.

**02.** 이 부츠는 걷기 쉽습니다.

**03.** 이 신발은 신기 쉽습니다.

**04.** 김 씨의 글씨는 읽기 쉽습니다.

**05.** 박 씨의 이야기는 알기 쉽습니다.

**06.** 이 펜은 사용하기 편합니다.

**07.** 이 책은 읽기 쉽습니다.

**08.** 이 자동차는 운전하기 쉽습니다.

**09.** 이 셔츠는 입기 편합니다.

**10.** 다나카 선생님의 설명은 알기 쉽습니다.

**11.** 이 약은 먹기 어렵습니다.

**12.** 이 부츠는 신기 어렵습니다.

**13.** 이 신발은 걷기 어렵습니다.

**14.** 김 씨의 글씨는 읽기 어렵습니다.

**15.** 이 호텔의 입구는 알기 어렵습니다.

**16.** 이 게는 먹기 어렵습니다.

**17.** 이 신문은 읽기 어렵습니다.

**18.** 이 자동차는 운전하기 어렵습니다.

**19.** 그 질문에는 대답하기 어렵습니다.

**20.** 김 선생님의 설명은 알기 어렵습니다.

## 연습문제정답

**01.** 이 약은 먹기 편합니다.
この薬は飲みやすいです。

**02.** 이 부츠는 걷기 쉽습니다.
このブーツは歩きやすいです。

**03.** 이 신발은 신기 쉽습니다.
このくつは、はきやすいです。

**04.** 김 씨의 글씨는 읽기 쉽습니다.
キムさんの字は読みやすいです。

**05.** 박 씨의 이야기는 알기 쉽습니다.
パクさんの話は分かりやすいです。

**06.** 이 펜은 사용하기 편합니다.
このペンは使いやすいです。

**07.** 이 책은 읽기 쉽습니다.
この本は読みやすいです。

**08.** 이 자동차는 운전하기 쉽습니다.
この車は運転しやすいです。

**09.** 이 셔츠는 입기 편합니다.
このシャツは着やすいです。

**10.** 다나카 선생님의 설명은 알기 쉽습니다.
たなか先生の説明は分かりやすいです。

**11.** 이 약은 먹기 어렵습니다.

この薬は飲みにくいです。

**12.** 이 부츠는 신기 어렵습니다.

このブーツは、はきにくいです。

**13.** 이 신발은 걷기 어렵습니다.

このくつは歩きにくいです。

**14.** 김 씨의 글씨는 읽기 어렵습니다.

キムさんの字は読みにくいです。

**15.** 이 호텔의 입구는 알기 어렵습니다.

このホテルの入り口は分かりにくいです。

**16.** 이 게는 먹기 어렵습니다.

このカニは食べにくいです。

**17.** 이 신문은 읽기 어렵습니다.

この新聞は読みにくいです。

**18.** 이 자동차는 운전하기 어렵습니다.

この車は運転しにくいです。

**19.** 그 질문에는 대답하기 어렵습니다.

その質問には答えにくいです。

**20.** 김 선생님의 설명은 알기 어렵습니다.

キム先生の説明は分かりにくいです。

# 45강 동사의 ない형

## 활용규칙

동사의 ない형(부정형)은 '~지 않다', '~지 않는다'는 부정의 뜻을 지닙니다. 상황에 따라서는 '~지 않아'로 해석할 수도 있습니다. 동사의 그룹에 따라 부정형을 만드는 방법이 달라지므로 함께 살펴봅시다.

■ 1그룹동사

う단 → あ단 + ない

1그룹동사를 부정할 때는 동사 끝의 う단을 あ단으로 바꾸고 ない를 붙여줍니다. 이때 う로 끝나는 동사들은 あ로 바뀌는 것이 아니라 わ로 바뀐다는 점에 주의합니다.

> 예  かう → かわない
>
> 　　いく → いかない

## 활용규칙

■ 2그룹동사

### る + ない

2그룹동사를 부정할 때는 동사 끝의 る를 없애고 ない를 붙여줍니다.
예를 들어 살펴봅시다.

> 예  たべる → たべない
>
> みる → みない

■ 3그룹동사

### する → しない　くる → こない

3그룹동사는 불규칙하게 변화하므로 변화형을 외워둡니다.

> 예  くる → こない
>
> しょうかいする → しょうかいしない

**문장듣고따라하기**

<ruby>果物<rt>くだもの</rt></ruby>を<ruby>食<rt>た</rt></ruby>べない。

과일을 먹지 않는다.

ぶた<ruby>肉<rt>にく</rt></ruby>を<ruby>食<rt>た</rt></ruby>べない。

돼지고기를 먹지 않는다.

\* ぶた肉 : 돼지고기

テレビを<ruby>見<rt>み</rt></ruby>ない。

TV를 보지 않는다.

<ruby>映画<rt>えいが</rt></ruby>を<ruby>見<rt>み</rt></ruby>ない。

영화를 보지 않는다.

<ruby>窓<rt>まど</rt></ruby>を<ruby>開<rt>あ</rt></ruby>けない。

창문을 열지 않는다.

ドアを<ruby>開<rt>あ</rt></ruby>けない。

문을 열지 않는다.

<ruby>食事<rt>しょくじ</rt></ruby>をしない。

식사를 하지 않는다.

<ruby>散歩<rt>さんぽ</rt></ruby>をしない。

산책을 하지 않는다.

<ruby>韓国<rt>かんこく</rt></ruby>に<ruby>来<rt>こ</rt></ruby>ない。

한국에 오지 않는다.

<ruby>日本<rt>にほん</rt></ruby>に<ruby>来<rt>こ</rt></ruby>ない。

일본에 오지 않는다.

## 문장듣고따라하기

<ruby>友達<rt>ともだち</rt></ruby>に<ruby>会<rt>あ</rt></ruby>わない。

친구를 만나지 않는다.

<ruby>彼氏<rt>かれし</rt></ruby>に<ruby>会<rt>あ</rt></ruby>わない。

남자친구를 만나지 않는다.

お<ruby>茶<rt>ちゃ</rt></ruby>を<ruby>飲<rt>の</rt></ruby>まない。

차를 마시지 않는다.

お<ruby>酒<rt>さけ</rt></ruby>を<ruby>飲<rt>の</rt></ruby>まない。

술을 마시지 않는다.

<ruby>手紙<rt>てがみ</rt></ruby>を<ruby>書<rt>か</rt></ruby>かない。

편지를 쓰지 않는다.

<sup>へんじ</sup> <sup>か</sup>
返事を書かない。

답장을 쓰지 않는다.


<sup>て</sup> <sup>あら</sup>
手を洗わない。

손을 씻지 않는다.


<sup>あし</sup> <sup>あら</sup>
足を洗わない。

발을 씻지 않는다.


<sup>がっこう</sup> <sup>い</sup>
学校に行かない。

학교에 가지 않는다.


<sup>かいしゃ</sup> <sup>い</sup>
会社に行かない。

회사에 가지 않는다.

## 배운문장연습하기

**01.** 과일을 먹지 않는다.

**02.** 돼지고기를 먹지 않는다.

**03.** TV를 보지 않는다.

**04.** 영화를 보지 않는다.

**05.** 창문을 열지 않는다.

**06.** 문을 열지 않는다.

**07.** 식사를 하지 않는다.

**08.** 산책을 하지 않는다.

**09.** 한국에 오지 않는다.

**10.** 일본에 오지 않는다.

**11.** 친구를 만나지 않는다.

**12.** 남자친구를 만나지 않는다.

**13.** 차를 마시지 않는다.

**14.** 술을 마시지 않는다.

**15.** 편지를 쓰지 않는다.

**16.** 답장을 쓰지 않는다.

**17.** 손을 씻지 않는다.

**18.** 발을 씻지 않는다.

**19.** 학교에 가지 않는다.

**20.** 회사에 가지 않는다.

## 연습문제정답

**01.** 과일을 먹지 않는다.
　　　 果物を食べない。

**02.** 돼지고기를 먹지 않는다.
　　　 ぶた肉を食べない。

**03.** TV를 보지 않는다.
　　　 テレビを見ない。

**04.** 영화를 보지 않는다.
　　　 映画を見ない。

**05.** 창문을 열지 않는다.
　　　 窓を開けない。

**06.** 문을 열지 않는다.
　　　 ドアを開けない。

**07.** 식사를 하지 않는다.
　　　 食事をしない。

**08.** 산책을 하지 않는다.
　　　 散歩をしない。

**09.** 한국에 오지 않는다.
　　　 韓国に来ない。

**10.** 일본에 오지 않는다.
　　　 日本に来ない。

11. 친구를 만나지 않는다.
    友達に会わない。

12. 남자친구를 만나지 않는다.
    彼氏に会わない。

13. 차를 마시지 않는다.
    お茶を飲まない。

14. 술을 마시지 않는다.
    お酒を飲まない。

15. 편지를 쓰지 않는다.
    手紙を書かない。

16. 답장을 쓰지 않는다.
    返事を書かない。

17. 손을 씻지 않는다.
    手を洗わない。

18. 발을 씻지 않는다.
    足を洗わない。

19. 학교에 가지 않는다.
    学校に行かない。

20. 회사에 가지 않는다.
    会社に行かない。

# 46강 사진을 찍지 말아주세요

## 문장구조

동사의 ない형 + ないでください

~하지 말아주세요

## 단어공부

| | | | |
|---|---|---|---|
| <sup>よ</sup>呼ぶ | 부르다 | <sup>すわ</sup>座る | 앉다 |
| <sup>す</sup>吸う | (담배를) 피우다 | <sup>およ</sup>泳ぐ | 수영하다, 헤엄치다 |
| <sup>おこ</sup>怒る | 화내다 | <sup>お</sup>押す | 밀다 |
| <sup>す</sup>捨てる | 버리다 | タバコ | 담배 |
| ごみ | 쓰레기 | ガム | 껌 |

문장을 만들어 봅시다.

<ruby>呼<rt>よ</rt></ruby>ぶ → ば
부르다

\+ ないでください
~하지 말아주세요

<ruby>座<rt>すわ</rt></ruby>る → ら
앉다

<ruby>吸<rt>す</rt></ruby>う → わ
(담배를) 피우다

<ruby>泳<rt>およ</rt></ruby>ぐ → が
수영하다, 헤엄치다

<ruby>怒<rt>おこ</rt></ruby>る → ら
화내다

<ruby>押<rt>お</rt></ruby>す → さ
밀다

<ruby>捨<rt>す</rt></ruby>てる
버리다

63

**문장듣고따라하기**

<ruby>食<rt>た</rt></ruby>べないでください。

먹지 말아주세요.


<ruby>寝<rt>ね</rt></ruby>ないでください。

자지 말아주세요.


<ruby>見<rt>み</rt></ruby>ないでください。

보지 말아주세요.


<ruby>行<rt>い</rt></ruby>かないでください。

가지 말아주세요.


<ruby>来<rt>こ</rt></ruby>ないでください。

오지 말아주세요.

<sup>およ</sup>
# 泳がないでください。

수영하지 말아주세요.


<sup>おこ</sup>
# 怒らないでください。

화내지 말아주세요.


<sup>お</sup>
# 押さないでください。

밀지 말아주세요.


<sup>な</sup>
# 泣かないでください。

울지 말아주세요.


<sup>ま</sup>
# 待たないでください。

기다리지 말아주세요.

## 문장듣고따라하기

まだ帰<sub>かえ</sub>らないでください。

아직 돌아가지 말아주세요.


タバコを吸<sub>す</sub>わないでください。

담배를 피우지 말아주세요.


写真<sub>しゃしん</sub>をとらないでください。

사진을 찍지 말아주세요.


名前<sub>なまえ</sub>を呼<sub>よ</sub>ばないでください。

이름을 부르지 말아주세요.


ドアを閉<sub>し</sub>めないでください。

문을 닫지 말아주세요.

窓<sup>まど</sup>を開<sup>あ</sup>けないでください。

창문을 열지 말아주세요.


ガムをかまないでください。

껌을 씹지 말아주세요.


ここに座<sup>すわ</sup>らないでください。

여기에 앉지 말아주세요.


ここにごみを捨<sup>す</sup>てないでください。

여기에 쓰레기를 버리지 말아주세요.


お酒<sup>さけ</sup>を飲<sup>の</sup>まないでください。

술을 마시지 말아주세요.

## 배운문장연습하기

**01.** 먹지 말아주세요.

**02.** 자지 말아주세요.

**03.** 보지 말아주세요.

**04.** 가지 말아주세요.

**05.** 오지 말아주세요.

**06.** 수영하지 말아주세요.

**07.** 화내지 말아주세요.

**08.** 밀지 말아주세요.

**09.** 울지 말아주세요.

**10.** 기다리지 말아주세요.

**11.** 아직 돌아가지 말아주세요.

**12.** 담배를 피우지 말아주세요.

**13.** 사진을 찍지 말아주세요.

**14.** 이름을 부르지 말아주세요.

**15.** 문을 닫지 말아주세요.

**16.** 창문을 열지 말아주세요.

**17.** 껌을 씹지 말아주세요.

**18.** 여기에 앉지 말아주세요.

**19.** 여기에 쓰레기를 버리지 말아주세요.

**20.** 술을 마시지 말아주세요.

## 연습문제정답

**01.** 먹지 말아주세요.
食べないでください。

**02.** 자지 말아주세요.
寝ないでください。

**03.** 보지 말아주세요.
見ないでください。

**04.** 가지 말아주세요.
行かないでください。

**05.** 오지 말아주세요.
来ないでください。

**06.** 수영하지 말아주세요.
泳がないでください。

**07.** 화내지 말아주세요.
怒らないでください。

**08.** 밀지 말아주세요.
押さないでください。

**09.** 울지 말아주세요.
泣かないでください。

**10.** 기다리지 말아주세요.
待たないでください。

**11.** 아직 돌아가지 말아주세요.

まだ帰らないでください。

**12.** 담배를 피우지 말아주세요.

タバコを吸わないでください。

**13.** 사진을 찍지 말아주세요.

写真をとらないでください。

**14.** 이름을 부르지 말아주세요.

名前を呼ばないでください。

**15.** 문을 닫지 말아주세요.

ドアを閉めないでください。

**16.** 창문을 열지 말아주세요.

窓を開けないでください。

**17.** 껌을 씹지 말아주세요.

ガムをかまないでください。

**18.** 여기에 앉지 말아주세요.

ここに座らないでください。

**19.** 여기에 쓰레기를 버리지 말아주세요.

ここにごみを捨てないでください。

**20.** 술을 마시지 말아주세요.

お酒を飲まないでください。

 그렇게 서두르지 않아도 괜찮습니다

## 문장구조

# 동사의 ない형 + なくてもいいです
~하지 않아도 괜찮습니다

## 단어공부

| | | | |
|---|---|---|---|
| おぼ<br>**覚える** | 기억하다 | **つける** | (불 등을)<br>켜다 |
| き<br>**決める** | 결정하다 | か<br>**勝つ** | 이기다 |
| いそ<br>**急ぐ** | 서두르다 | しんぱい<br>**心配する** | 걱정하다 |
| よやく<br>**予約する** | 예약하다 | しゅっせき<br>**出席する** | 출석하다 |
| **もう** | 이제,<br>벌써 | **そんなに** | 그렇게 |

문장을 만들어 봅시다.

<ruby>覚<rt>おぼ</rt></ruby>える
기억하다

+ なくてもいいです
~하지 않아도 괜찮습니다

つける
(불 등을) 켜다

<ruby>決<rt>き</rt></ruby>める
결정하다

<ruby>勝<rt>か</rt></ruby>つ → た
이기다

<ruby>急<rt>いそ</rt></ruby>ぐ → が
서두르다

<ruby>心配<rt>しんぱい</rt></ruby>する → し
걱정하다

<ruby>出席<rt>しゅっせき</rt></ruby>する → し
출석하다

## 문장듣고따라하기

そんなに急<sup>いそ</sup>がなくてもいいです。

그렇게 서두르지 않아도 괜찮습니다.

この漢字<sup>かんじ</sup>は覚<sup>おぼ</sup>えなくてもいいです。

이 한자는 기억하지 않아도 괜찮습니다.

明日<sup>あした</sup>は出席<sup>しゅっせき</sup>しなくてもいいです。

내일은 출석하지 않아도 괜찮습니다.

そんなに心配<sup>しんぱい</sup>しなくてもいいです。

그렇게 걱정하지 않아도 괜찮습니다.

テキストを借<sup>か</sup>りなくてもいいです。

교과서를 빌리지 않아도 괜찮습니다.

\* テキスト: 교과서

74

返事を出さなくてもいいです。

답장을 부치지 않아도 괜찮습니다.


電気をつけなくてもいいです。

전등을 켜지 않아도 괜찮습니다.


今決めなくてもいいです。

지금 결정하지 않아도 괜찮습니다.


そのレストランは予約しなくてもいいです。

그 레스토랑은 예약하지 않아도 괜찮습니다.


明日のしあいには勝たなくてもいいです。

내일 시합에는 이기지 않아도 괜찮습니다.

## 문장듣고따라하기

そんなに働かなくてもいいです。

그렇게 일하지 않아도 괜찮습니다.


もう病院に行かなくてもいいです。

이제 병원에 가지 않아도 괜찮습니다.


今日返さなくてもいいです。

오늘 돌려주지 않아도 괜찮습니다.


せんたくきは買わなくてもいいです。

세탁기는 사지 않아도 괜찮습니다.


毎日日記を書かなくてもいいです。

매일 일기를 쓰지 않아도 괜찮습니다.

朝<ruby>あさ</ruby>ご飯<ruby>はん</ruby>は食<ruby>た</ruby>べなくてもいいです。

아침밥은 먹지 않아도 괜찮습니다.

明日<ruby>あした</ruby>は学校<ruby>がっこう</ruby>に行<ruby>い</ruby>かなくてもいいです。

내일은 학교에 가지 않아도 괜찮습니다.

もう薬<ruby>くすり</ruby>を飲<ruby>の</ruby>まなくてもいいです。

이제 약을 먹지 않아도 괜찮습니다.

この本<ruby>ほん</ruby>は読<ruby>よ</ruby>まなくてもいいです。

이 책은 읽지 않아도 괜찮습니다.

そのびよういんは予約<ruby>よやく</ruby>しなくてもいいです。

그 미용실은 예약하지 않아도 괜찮습니다.

## 배운문장연습하기

**01.** 그렇게 서두르지 않아도 괜찮습니다.

**02.** 이 한자는 기억하지 않아도 괜찮습니다.

**03.** 내일은 출석하지 않아도 괜찮습니다.

**04.** 그렇게 걱정하지 않아도 괜찮습니다.

**05.** 교과서를 빌리지 않아도 괜찮습니다.

**06.** 답장을 부치지 않아도 괜찮습니다.

**07.** 전등을 켜지 않아도 괜찮습니다.

**08.** 지금 결정하지 않아도 괜찮습니다.

**09.** 그 레스토랑은 예약하지 않아도 괜찮습니다.

**10.** 내일 시합에는 이기지 않아도 괜찮습니다.

**11.** 그렇게 일하지 않아도 괜찮습니다.

**12.** 이제 병원에 가지 않아도 괜찮습니다.

**13.** 오늘 돌려주지 않아도 괜찮습니다.

**14.** 세탁기는 사지 않아도 괜찮습니다.

**15.** 매일 일기를 쓰지 않아도 괜찮습니다.

**16.** 아침밥은 먹지 않아도 괜찮습니다.

**17.** 내일은 학교에 가지 않아도 괜찮습니다.

**18.** 이제 약을 먹지 않아도 괜찮습니다.

**19.** 이 책은 읽지 않아도 괜찮습니다.

**20.** 그 미용실은 예약하지 않아도 괜찮습니다.

## 연습문제정답

**01.** 그렇게 서두르지 않아도 괜찮습니다.
そんなに急がなくてもいいです。

**02.** 이 한자는 기억하지 않아도 괜찮습니다.
この漢字は覚えなくてもいいです。

**03.** 내일은 출석하지 않아도 괜찮습니다.
明日は出席しなくてもいいです。

**04.** 그렇게 걱정하지 않아도 괜찮습니다.
そんなに心配しなくてもいいです。

**05.** 교과서를 빌리지 않아도 괜찮습니다.
テキストを借りなくてもいいです。

**06.** 답장을 부치지 않아도 괜찮습니다.
返事を出さなくてもいいです。

**07.** 전등을 켜지 않아도 괜찮습니다.
電気をつけなくてもいいです。

**08.** 지금 결정하지 않아도 괜찮습니다.
今決めなくてもいいです。

**09.** 그 레스토랑은 예약하지 않아도 괜찮습니다.
そのレストランは予約しなくてもいいです。

**10.** 내일 시합에는 이기지 않아도 괜찮습니다.
明日のしあいには勝たなくてもいいです。

**11.** 그렇게 일하지 않아도 괜찮습니다.
そんなに働かなくてもいいです。

**12.** 이제 병원에 가지 않아도 괜찮습니다.
もう病院に行かなくてもいいです。

**13.** 오늘 돌려주지 않아도 괜찮습니다.
今日返さなくてもいいです。

**14.** 세탁기는 사지 않아도 괜찮습니다.
せんたくきは買わなくてもいいです。

**15.** 매일 일기를 쓰지 않아도 괜찮습니다.
毎日日記を書かなくてもいいです。

**16.** 아침밥은 먹지 않아도 괜찮습니다.
朝ご飯は食べなくてもいいです。

**17.** 내일은 학교에 가지 않아도 괜찮습니다.
明日は学校に行かなくてもいいです。

**18.** 이제 약을 먹지 않아도 괜찮습니다.
もう薬を飲まなくてもいいです。

**19.** 이 책은 읽지 않아도 괜찮습니다.
この本は読まなくてもいいです。

**20.** 그 미용실은 예약하지 않아도 괜찮습니다.
そのびよういんは予約しなくてもいいです。

# 48강 내일까지 숙제를 내야 합니다

## 문장구조

# 동사의 ない형 + なければなりません
### ~해야 합니다

* 「なければなりません」은 직역하면 '~하지 않으면 안됩니다'이지만 '~해야 합니다'로 해석하면 더 자연스럽습니다. 같은 표현으로 「なくてはいけません」이 있습니다.

## 단어공부

| | | | |
|---|---|---|---|
| **あやまる** | 사과하다 | **選ぶ** (えら) | 선택하다 |
| **起きる** (お) | 일어나다 | **続ける** (つづ) | 계속하다 |
| **守る** (まも) | 지키다 | **洗う** (あら) | 씻다 |
| **出す** (だ) | 내다, 부치다 | **別れる** (わか) | 헤어지다 |
| **きそく** | 규칙 | **必ず** (かなら) | 반드시 |

문장을 만들어 봅시다.

**あやまる → ら** + なければなりません
사과하다 ~해야 합니다

えら
**選ぶ → ば**
고르다

まも
**守る → ら**
지키다

あら
**洗う → わ**
씻다

だ
**出す → さ**
내다, 부치다

わか
**別れる**
헤어지다

つづ
**続ける**
계속하다

お
**起きる**
일어나다

## 문장듣고따라하기

いそ
急がなければなりません。

서둘러야 합니다.

て  あら
手を洗わなければなりません。

손을 씻어야 합니다.

ひと  えら
一つ選ばなければなりません。

하나를 선택해야 합니다.

れんしゅう  つづ
練習を続けなければなりません。

연습을 계속해야 합니다.

かなら  まも
きそくは必ず守らなければなりません。

규칙은 반드시 지켜야 합니다.

かれ わか
彼と別れなければなりません。

그와 헤어져야 합니다.

かれ
彼にあやまらなければなりません。

그에게 사과해야 합니다.

はや お
早く起きなければなりません。

일찍 일어나야 합니다.

\* 早く : 빨리, 일찍

あした しゅくだい だ
明日までに宿題を出さなければなりません。

내일까지 숙제를 내야 합니다.

きんようび ほん かえ
金曜日までに本を返さなければなりません。

금요일까지 책을 돌려줘야 합니다.

## 문장듣고따라하기

ごみはここに捨てなければなりません。

쓰레기는 여기에 버려야 합니다.

この漢字は覚えなければなりません。

이 한자는 기억해야 합니다.

明日までに決めなければなりません。

내일까지 결정해야 합니다.

約束は必ず守らなければなりません。

약속은 반드시 지켜야 합니다.

日本語の勉強を続けなければなりません。

일본어 공부를 계속해야 합니다.

문장을 듣고 따라 해 봅시다.

家族(かぞく)と別(わか)れなければなりません。

가족과 헤어져야 합니다.

彼女(かのじょ)に手紙(てがみ)を出(だ)さなければなりません。

그녀에게 편지를 부쳐야 합니다.

明日(あした)から働(はたら)かなければなりません。

내일부터 일해야 합니다.

明日(あした)の試合(しあい)は必(かなら)ず勝(か)たなければなりません。

내일 시합은 반드시 이겨야 합니다.

そのレストランは予約(よやく)しなければなりません。

그 레스토랑은 예약해야 합니다.

## 배운문장연습하기

**01.** 서둘러야 합니다.

**02.** 손을 씻어야 합니다.

**03.** 하나를 선택해야 합니다.

**04.** 연습을 계속해야 합니다.

**05.** 규칙은 반드시 지켜야 합니다.

**06.** 그와 헤어져야 합니다.

**07.** 그에게 사과해야 합니다.

**08.** 일찍 일어나야 합니다.

**09.** 내일까지 숙제를 내야 합니다.

**10.** 금요일까지 책을 돌려줘야 합니다.

**11.** 쓰레기는 여기에 버려야 합니다.

**12.** 이 한자는 기억해야 합니다.

**13.** 내일까지 결정해야 합니다.

**14.** 약속은 반드시 지켜야 합니다.

**15.** 일본어 공부를 계속해야 합니다.

**16.** 가족과 헤어져야 합니다.

**17.** 그녀에게 편지를 부쳐야 합니다.

**18.** 내일부터 일해야 합니다.

**19.** 내일 시합은 반드시 이겨야 합니다.

**20.** 그 레스토랑은 예약해야 합니다.

## 연습문제정답

**01.** 서둘러야 합니다.

急がなければなりません。

**02.** 손을 씻어야 합니다.

手を洗わなければなりません。

**03.** 하나를 선택해야 합니다.

一つ選ばなければなりません。

**04.** 연습을 계속해야 합니다.

練習を続けなければなりません。

**05.** 규칙은 반드시 지켜야 합니다.

きそくは必ず守らなければなりません。

**06.** 그와 헤어져야 합니다.

彼と別れなければなりません。

**07.** 그에게 사과해야 합니다.

彼にあやまらなければなりません。

**08.** 일찍 일어나야 합니다.

早く起きなければなりません。

**09.** 내일까지 숙제를 내야 합니다.

明日までに宿題を出さなければなりません。

**10.** 금요일까지 책을 돌려줘야 합니다.

金曜日までに本を返さなければなりません。

11. 쓰레기는 여기에 버려야 합니다.

ごみはここに捨てなければなりません。

12. 이 한자는 기억해야 합니다.

この漢字は覚えなければなりません。

13. 내일까지 결정해야 합니다.

明日までに決めなければなりません。

14. 약속은 반드시 지켜야 합니다.

約束は必ず守らなければなりません。

15. 일본어 공부를 계속해야 합니다.

日本語の勉強を続けなければなりません。

16. 가족과 헤어져야 합니다.

家族と別れなければなりません。

17. 그녀에게 편지를 부쳐야 합니다.

彼女に手紙を出さなければなりません。

18. 내일부터 일해야 합니다.

明日から働かなければなりません。

19. 내일 시합은 반드시 이겨야 합니다.

明日の試合は必ず勝たなければなりません。

20. 그 레스토랑은 예약해야 합니다.

そのレストランは予約しなければなりません。

# 49강      동사의 て형

## 활용규칙

동사의 て형은 '~하고', '~해서'라는 뜻으로, 동사를 연결할 때 사용합니다. て형은 동사의 형태에 따라 만드는 방법이 다른데, 특히 1그룹동사의 경우에는 총 네 가지로 활용되므로 차근차근 외워 두세요.

■ 1그룹동사

---

① う・つ・る로 끝나는 동사

    う・つ・る → って

  예  かう → かって

     まつ → まって

     のる → のって

---

② ぬ・む・ぶ로 끝나는 동사

    ぬ・む・ぶ → んで

  예  しぬ → しんで

     のむ → のんで

     よぶ → よんで

---

③ く・ぐ로 끝나는 동사

    く・ぐ→いて・いで

    예 かく→かいて　　いそぐ→いそいで

    ★ 예외 いく→いって (行く→行って)

④ す로 끝나는 동사

    す→して

    예 はなす→はなして

■ 2그룹동사

2그룹동사는 어미 る를 떼고 て를 붙입니다.

    예 たべる→たべて

■ 3그룹동사

3그룹동사는 불규칙하게 변화하므로 변화형을 외워둡니다.

    くる→きて　　する→して

**단어공부**

あう
만나다

あらう
씻다

ならう
배우다

まつ
기다리다

かつ
이기다

たつ
서다

とる
찍다

つくる
만들다

단어를 듣고 따라 한 후 て형으로 바꿔 봅시다.

かえる
돌아가다

ふる
내리다

おこる
화내다

しぬ
죽다

のむ
마시다

やすむ
쉬다

よむ
읽다

よぶ
부르다

## 단어공부정답

| あう<br>만나다 | あって | あらう<br>씻다 | あらって |

| ならう<br>배우다 | ならって | まつ<br>기다리다 | まって |

| かつ<br>이기다 | かって | たつ<br>서다 | たって |

| とる<br>찍다 | とって | つくる<br>만들다 | つくって |

| かえる 돌아가다 | かえって | ふる 내리다 | ふって |
|---|---|---|---|
| おこる 화내다 | おこって | しぬ 죽다 | しんで |
| のむ 마시다 | のんで | やすむ 쉬다 | やすんで |
| よむ 읽다 | よんで | よぶ 부르다 | よんで |

## 단어공부

| えらぶ | あそぶ |
|:--|:--|
| 선택하다 | 놀다 |

| かく | なく |
|:--|:--|
| 쓰다 | 울다 |

| あるく | いく |
|:--|:--|
| 걷다 | 가다 |

| およぐ | ぬぐ |
|:--|:--|
| 수영하다 | 벗다 |

단어를 듣고 따라 한 후 て형으로 바꿔 봅시다.

**いそぐ**
서두르다

**はなす**
이야기하다

**なくす**
잃어버리다

**さがす**
찾다

**みる**
보다

**たべる**
먹다

**くる**
오다

**する**
하다

## 단어공부정답

えらぶ
선택하다
えらんで

あそぶ
놀다
あそんで

かく
쓰다
かいて

なく
울다
ないて

あるく
걷다
あるいて

いく
가다
いって

およぐ
수영하다
およいで

ぬぐ
벗다
ぬいで

いそぐ
서두르다
いそいで

はなす
이야기하다
はなして

なくす
잃어버리다
なくして

さがす
찾다
さがして

みる
보다
みて

たべる
먹다
たべて

くる
오다
きて

する
하다
して

# 50강 　　잠깐 기다려 주세요

## 문장구조

# 동사의 て형 + てください

~해 주세요

## 단어공부

| | | | |
|---|---|---|---|
| **ぬぐ** | 벗다 | **入れる** | 넣다 |
| **置く** | 놓다, 두다 | **伝える** | 전달하다 |
| **立つ** | 서다 | **作る** | 만들다 |
| **塩** | 소금 | **さとう** | 설탕 |
| **となり** | 옆 | **ちょっと** | 잠깐 |

문장을 만들어 봅시다.

<ruby>作<rt>つく</rt></ruby>る → って
만들다

**+** てください
~해 주세요

<ruby>立<rt>た</rt></ruby>つ → って
서다

<ruby>置<rt>お</rt></ruby>く → いて
두다

ぬぐ → いで
벗다

<ruby>入<rt>い</rt></ruby>れる → て
넣다

<ruby>伝<rt>つた</rt></ruby>える → て
전달하다

## 문장듣고따라하기

ぼうしをぬいでください。

모자를 벗어 주세요.

<ruby>窓<rt>まど</rt></ruby>の<ruby>外<rt>そと</rt></ruby>を<ruby>見<rt>み</rt></ruby>てください。

창문 밖을 봐 주세요.

ここに<ruby>立<rt>た</rt></ruby>ってください。

여기에 서 주세요.

<ruby>料理<rt>りょうり</rt></ruby>を<ruby>作<rt>つく</rt></ruby>ってください。

요리를 만들어 주세요.

けいたいはかばんの<ruby>中<rt>なか</rt></ruby>に<ruby>入<rt>い</rt></ruby>れてください。

휴대폰은 가방 안에 넣어 주세요.

先生<sub>せんせい</sub>のとなりに座<sub>すわ</sub>ってください。

선생님의 옆에 앉아주세요.


塩<sub>しお</sub>はそこに置<sub>お</sub>いてください。

소금은 거기에 놓아 주세요.


このえんぴつを使<sub>つか</sub>ってください。

이 연필을 사용해 주세요.


この漢字<sub>かんじ</sub>を覚<sub>おぼ</sub>えてください。

이 한자를 기억해 주세요.


このメッセージをたなかさんに伝<sub>つた</sub>えてください。

이 메시지를 다나카 씨에게 전해 주세요.

## 문장듣고따라하기

韓国(かんこく)に来(き)てください。

한국에 와 주세요.

窓(まど)を開(あ)けてください。

창문을 열어 주세요.

ちょっと待(ま)ってください。

잠깐 기다려 주세요.

テキストを貸(か)してください。

교과서를 빌려 주세요.

早(はや)くお金(かね)を返(かえ)してください。

빨리 돈을 돌려 주세요.

ここに<ruby>名前<rt>なまえ</rt></ruby>を<ruby>書<rt>か</rt></ruby>いてください。

여기에 이름을 써 주세요.

さとうを<ruby>入<rt>い</rt></ruby>れてください。

설탕을 넣어 주세요.

<ruby>校庭<rt>こうてい</rt></ruby>に<ruby>学生<rt>がくせい</rt></ruby>を<ruby>集<rt>あつ</rt></ruby>めてください。

교정에 학생을 모아 주세요.

* 校庭 (こうてい) : 교정

<ruby>部屋<rt>へや</rt></ruby>の<ruby>中<rt>なか</rt></ruby>ではくつをぬいでください。

방 안에서는 신발을 벗어 주세요.

<ruby>明日<rt>あした</rt></ruby>までに<ruby>宿題<rt>しゅくだい</rt></ruby>を<ruby>出<rt>だ</rt></ruby>してください。

내일까지 숙제를 내 주세요.

## 배운문장연습하기

**01.** 모자를 벗어 주세요.

**02.** 창문 밖을 봐 주세요.

**03.** 여기에 서 주세요.

**04.** 요리를 만들어 주세요.

**05.** 휴대폰은 가방 안에 넣어 주세요.

**06.** 선생님의 옆에 앉아주세요.

**07.** 소금은 거기에 놓아 주세요.

**08.** 이 연필을 사용해 주세요.

**09.** 이 한자를 기억해 주세요.

**10.** 이 메시지를 다나카 씨에게 전해 주세요.

**11.** 한국에 와 주세요.

**12.** 창문을 열어 주세요.

**13.** 잠깐 기다려 주세요.

**14.** 교과서를 빌려 주세요.

**15.** 빨리 돈을 돌려 주세요.

**16.** 여기에 이름을 써 주세요.

**17.** 설탕을 넣어 주세요.

**18.** 교정에 학생을 모아 주세요.

**19.** 방 안에서는 신발을 벗어 주세요.

**20.** 내일까지 숙제를 내 주세요.

## 연습문제정답

**01.** 모자를 벗어 주세요.

ぼうしをぬいでください。

**02.** 창문 밖을 봐 주세요.

窓の外を見てください。

**03.** 여기에 서 주세요.

ここに立ってください。

**04.** 요리를 만들어 주세요.

料理を作ってください。

**05.** 휴대폰은 가방 안에 넣어 주세요.

けいたいはかばんの中に入れてください。

**06.** 선생님의 옆에 앉아주세요.

先生のとなりに座ってください。

**07.** 소금은 거기에 놓아 주세요.

塩はそこに置いてください。

**08.** 이 연필을 사용해 주세요.

このえんぴつを使ってください。

**09.** 이 한자를 기억해 주세요.

この漢字を覚えてください。

**10.** 이 메시지를 다나카 씨에게 전해 주세요.

このメッセージをたなかさんに伝えてください。

11. 한국에 와 주세요.
韓国に来てください。

12. 창문을 열어 주세요.
窓を開けてください。

13. 잠깐 기다려 주세요.
ちょっと待ってください。

14. 교과서를 빌려 주세요.
テキストを貸してください。

15. 빨리 돈을 돌려 주세요.
早くお金を返してください。

16. 여기에 이름을 써 주세요.
ここに名前を書いてください。

17. 설탕을 넣어 주세요.
さとうを入れてください。

18. 교정에 학생을 모아 주세요.
校庭に学生を集めてください。

19. 방 안에서는 신발을 벗어 주세요.
部屋の中ではくつをぬいでください。

20. 내일까지 숙제를 내 주세요.
明日までに宿題を出してください。

# 51강 고양이가 자고 있습니다

## 문장구조

# 동사의 て형 + ています

### ~고 있습니다

\* 동사의 て형에 「〜て います」를 연결하면 다음과 같은 두 가지 뜻을 지닙니다.

   (1) '~하고 있습니다'처럼 동작의 '진행'을 나타냅니다. (예: 길을 걷고 있습니다.)

   (2) '~해 있습니다'와 같이 '상태'를 나타냅니다. (예: 꽃이 피어 있습니다.)

## 단어공부

| | | | |
|---|---|---|---|
| 鳴る | 울리다 | 探す | 찾다 |
| 咲く | 피다 | 通う | 다니다 |
| 売る | 팔다 | 並ぶ | 줄서다 |
| たくさん | 많이 | 休憩室 | 휴게실 |
| 犬 | 개 | ねこ | 고양이 |

かよ
**通う →** って
다니다

　　　　　　　　　　**＋　ています**
　　　　　　　　　　　　~고 있습니다

な
**鳴る→** って
울리다

う
**売る →** って
팔다

さが
**探す →** して
찾다

さ
**咲く → い**て
피다

なら
**並ぶ →** んで
줄서다

## 문장듣고따라하기

ちち あさ はん た
父が朝ご飯を食べています。

아버지가 아침밥을 먹고 있습니다.

はは み
母がドラマを見ています。

어머니가 드라마를 보고 있습니다.

むすめ おんがく き
娘が音楽を聞いています。

딸이 음악을 듣고 있습니다.

いま か
パクさんは今メールを書いています。

박 씨는 지금 메일을 쓰고 있습니다.

* メール : 메일

こども こうえん あそん
子供が公園で遊んでいます。

아이가 공원에서 놀고 있습니다.

# 犬が水を飲んでいます。
개가 물을 마시고 있습니다.

# ねこが寝ています。
고양이가 자고 있습니다.

# 安い服を探しています。
싼 옷을 찾고 있습니다.

# けいたいが鳴っています。
휴대폰이 울리고 있습니다.

# たなかさんは休憩室で本を読んでいます。
다나카 씨는 휴게실에서 책을 읽고 있습니다.

**문장듣고따라하기**

たなかさんはもう来ています。

다나카 씨는 이미 와 있습니다.

コンビニで働いています。

편의점에서 일하고 있습니다.

きれいな花が咲いています。

예쁜 꽃이 피어 있습니다.

子供がいすに座っています。

아이가 의자에 앉아 있습니다.

彼女はいつも高い服を着ています。

그녀는 항상 비싼 옷을 입고 있습니다.

あの店で切手を売っています。

저 가게에서 우표를 팔고 있습니다.

日本語の勉強を続けています。

일본어 공부를 계속하고 있습니다.

娘は近所の学校に通っています。

딸은 근처의 학교에 다니고 있습니다.

* 近所 (きんじょ) : 근처

先生が教室の前に立っています。

선생님이 교실 앞에 서 있습니다.

あの店はいつも人がたくさん並んでいます。

저 가게는 항상 사람들이 많이 줄 서 있습니다.

* 人 (ひと) : 사람

## 배운문장연습하기

**01.** 아버지가 아침밥을 먹고 있습니다.

**02.** 어머니가 드라마를 보고 있습니다.

**03.** 딸이 음악을 듣고 있습니다.

**04.** 박 씨는 지금 메일을 쓰고 있습니다.

**05.** 아이가 공원에서 놀고 있습니다.

**06.** 개가 물을 마시고 있습니다.

**07.** 고양이가 자고 있습니다.

**08.** 싼 옷을 찾고 있습니다.

**09.** 휴대폰이 울리고 있습니다.

**10.** 다나카 씨는 휴게실에서 책을 읽고 있습니다.

**11.** 다나카 씨는 이미 와 있습니다.

**12.** 편의점에서 일하고 있습니다.

**13.** 예쁜 꽃이 피어 있습니다.

**14.** 아이가 의자에 앉아 있습니다.

**15.** 그녀는 항상 비싼 옷을 입고 있습니다.

**16.** 저 가게에서 우표를 팔고 있습니다.

**17.** 일본어 공부를 계속하고 있습니다.

**18.** 딸은 근처의 학교에 다니고 있습니다.

**19.** 선생님이 교실 앞에 서 있습니다.

**20.** 저 가게는 항상 사람들이 많이 줄 서 있습니다.

## 연습문제정답

**01.** 아버지가 아침밥을 먹고 있습니다.
父が朝ご飯を食べています。

**02.** 어머니가 드라마를 보고 있습니다.
母がドラマを見ています。

**03.** 딸이 음악을 듣고 있습니다.
娘が音楽を聞いています。

**04.** 박 씨는 지금 메일을 쓰고 있습니다.
パクさんは今メールを書いています。

**05.** 아이가 공원에서 놀고 있습니다.
子供が公園で遊んでいます。

**06.** 개가 물을 마시고 있습니다.
犬が水を飲んでいます。

**07.** 고양이가 자고 있습니다.
ねこが寝ています。

**08.** 싼 옷을 찾고 있습니다.
安い服を探しています。

**09.** 휴대폰이 울리고 있습니다.
けいたいが鳴っています。

**10.** 다나카 씨는 휴게실에서 책을 읽고 있습니다.
たなかさんは休憩室で本を読んでいます。

**11.** 다나카 씨는 이미 와 있습니다.

たなかさんはもう来ています。

**12.** 편의점에서 일하고 있습니다.

コンビニで働いています。

**13.** 예쁜 꽃이 피어 있습니다.

きれいな花が咲いています。

**14.** 아이가 의자에 앉아 있습니다.

子供がいすに座っています。

**15.** 그녀는 항상 비싼 옷을 입고 있습니다.

彼女はいつも高い服を着ています。

**16.** 저 가게에서 우표를 팔고 있습니다.

あの店で切手を売っています。

**17.** 일본어 공부를 계속하고 있습니다.

日本語の勉強を続けています。

**18.** 딸은 근처의 학교에 다니고 있습니다.

娘は近所の学校に通っています。

**19.** 선생님이 교실 앞에 서 있습니다.

先生が教室の前に立っています。

**20.** 저 가게는 항상 사람들이 많이 줄 서 있습니다.

あの店はいつも人がたくさん並んでいます。

# 52강 창문을 열어도 됩니까?

## 문장구조

# 동사의 て형 + てもいいですか
### ~해도 됩니까?

## 단어공부

| | | | |
|---|---|---|---|
| かんが<br>**考える** | 생각하다 | と<br>**止める** | 멈추다,<br>세우다 |
| はい<br>**入る** | 들어가다 | おく<br>**遅れる** | 늦다 |
| け<br>**消す** | 끄다 | **ゆっくり** | 천천히,<br>느긋하게 |
| **スマホ** | 스마트폰 | **ストーブ** | 스토브,<br>난로 |
| つぎ<br>**次** | 다음 | **また** | 또, 다시 |

* 「入る (はいる)」는 2그룹동사의 형태를 가지고 있지만 1그룹에 속하는 1그룹예외 동사입니다.

문장을 만들어 봅시다.

入る → って
들어가다

止める → て
멈추다

考える → て
생각하다

遅れる → て
늦다

消す → して
끄다

+ てもいいですか
~해도 됩니까?

## 문장듣고따라하기

まど あけ
# 窓を開けてもいいですか。
창문을 열어도 됩니까?

すわ
# ここに座ってもいいですか。
여기에 앉아도 됩니까?

あした かんが
# 明日まで考えてもいいですか。
내일까지 생각해도 됩니까?

け
# テレビを消してもいいですか。
TV를 꺼도 됩니까?

くるま と
# ここに車を止めてもいいですか。
여기에 차를 세워도 됩니까?

もう帰ってもいいですか。

이제 돌아가도 됩니까?

プールに入ってもいいですか。

수영장에 들어가도 됩니까?

ここで泳いでもいいですか。

여기서 수영해도 됩니까?

スマホを使ってもいいですか。

스마트폰을 사용해도 됩니까?

ここでタバコを吸ってもいいですか。

여기서 담배를 피워도 됩니까?

## 문장듣고따라하기

<ruby>窓<rt>まど</rt></ruby>を<ruby>閉<rt>し</rt></ruby>めてもいいですか。

창문을 닫아도 됩니까?

<ruby>明日<rt>あした</rt></ruby>、<ruby>返<rt>かえ</rt></ruby>してもいいですか。

내일 돌려줘도 됩니까?

ちょっと<ruby>遅<rt>おく</rt></ruby>れてもいいですか。

조금 늦어도 됩니까?

ストーブを<ruby>消<rt>け</rt></ruby>してもいいですか。

난로를 꺼도 됩니까?

ここにごみを<ruby>捨<rt>す</rt></ruby>ててもいいですか。

여기에 쓰레기를 버려도 됩니까?

# 少し寝てもいいですか。

조금 자도 됩니까?

\* 少し(すこし) : 조금, 좀

# また来てもいいですか。

다시 와도 됩니까?

# エアコンをつけてもいいですか。

에어컨을 켜도 됩니까?

# パソコンを使ってもいいですか。

컴퓨터를 사용해도 됩니까?

# りょうでお酒を飲んでもいいですか。

기숙사에서 술을 마셔도 됩니까?

## 배운문장연습하기

**01.** 창문을 열어도 됩니까?

**02.** 여기에 앉아도 됩니까?

**03.** 내일까지 생각해도 됩니까?

**04.** TV를 꺼도 됩니까?

**05.** 여기에 차를 세워도 됩니까?

**06.** 이제 돌아가도 됩니까?

**07.** 수영장에 들어가도 됩니까?

**08.** 여기서 수영해도 됩니까?

**09.** 스마트폰을 사용해도 됩니까?

**10.** 여기서 담배를 피워도 됩니까?

11. 창문을 닫아도 됩니까?

12. 내일 돌려줘도 됩니까?

13. 조금 늦어도 됩니까?

14. 난로를 꺼도 됩니까?

15. 여기에 쓰레기를 버려도 됩니까?

16. 조금 자도 됩니까?

17. 다시 와도 됩니까?

18. 에어컨을 켜도 됩니까?

19. 컴퓨터를 사용해도 됩니까?

20. 기숙사에서 술을 마셔도 됩니까?

## 연습문제정답

**01.** 창문을 열어도 됩니까?
窓を開けてもいいですか。

**02.** 여기에 앉아도 됩니까?
ここに座ってもいいですか。

**03.** 내일까지 생각해도 됩니까?
明日まで考えてもいいですか。

**04.** TV를 꺼도 됩니까?
テレビを消してもいいですか。

**05.** 여기에 차를 세워도 됩니까?
ここに車を止めてもいいですか。

**06.** 이제 돌아가도 됩니까?
もう帰ってもいいですか。

**07.** 수영장에 들어가도 됩니까?
プールに入ってもいいですか。

**08.** 여기서 수영해도 됩니까?
ここで泳いでもいいですか。

**09.** 스마트폰을 사용해도 됩니까?
スマホを使ってもいいですか。

**10.** 여기서 담배를 피워도 됩니까?
ここでタバコを吸ってもいいですか。

11. 창문을 닫아도 됩니까?

    窓を閉めてもいいですか。

12. 내일 돌려줘도 됩니까?

    明日、返してもいいですか。

13. 조금 늦어도 됩니까?

    ちょっと遅れてもいいですか。

14. 난로를 꺼도 됩니까?

    ストーブを消してもいいですか。

15. 여기에 쓰레기를 버려도 됩니까?

    ここにごみを捨ててもいいですか。

16. 조금 자도 됩니까?

    少し寝てもいいですか。

17. 다시 와도 됩니까?

    また来てもいいですか。

18. 에어컨을 켜도 됩니까?

    エアコンをつけてもいいですか。

19. 컴퓨터를 사용해도 됩니까?

    パソコンを使ってもいいですか。

20. 기숙사에서 술을 마셔도 됩니까?

    りょうでお酒を飲んでもいいですか。

# 53강　동사의 た형

## 활용규칙

동사의 た형은 과거형으로, '~했다'라고 해석합니다. て형과 마찬가지로 그룹별 동사의 형태에 따라 다르게 활용되지만 て형에서 て・で만 た・だ로 바꿔주면 되므로, て형을 확실히 외워 두면 어렵지 않게 활용할 수 있습니다.

■ 1그룹동사

① う・つ・る로 끝나는 동사

　う・つ・る → った

　예　かう → かった

　　　まつ → まった

　　　のる → のった

② ぬ・む・ぶ로 끝나는 동사

　ぬ・む・ぶ → んだ

　예　しぬ → しんだ

　　　のむ → のんだ

　　　よぶ → よんだ

③ く・ぐ로 끝나는 동사

く・ぐ→いた・いだ

예 かく→かいた

いそぐ→いそいだ

④ す로 끝나는 동사

す→した

예 はなす→はなした

■ 2그룹동사

2그룹동사는 어미 る를 떼고 た를 붙입니다.

예 たべる→たべた

■ 3그룹동사

3그룹동사는 불규칙활용이므로 활용형을 외워 주세요.

くる→きた　する→した

## 문장듣고따라하기

先生<sub>せんせい</sub>に会<sub>あ</sub>った。

선생님을 만났다.

名前<sub>なまえ</sub>を覚<sub>おぼ</sub>えた。

이름을 기억했다.

朝ご飯を食<sub>た</sub>べた。

아침밥을 먹었다.

えんぴつを借<sub>か</sub>りた。

연필을 빌렸다.

お酒<sub>さけ</sub>を飲<sub>の</sub>んだ。

술을 마셨다.

# 手紙を書いた。

편지를 썼다.

# 手を洗った。

손을 씻었다.

# 音楽を聞いた。

음악을 들었다.

# ピアノを習った。

피아노를 배웠다.

# 雨が降った。

비가 내렸다.

## 문장듣고따라하기

うた うた
歌を歌った。

노래를 불렀다.

しゃしん
写真をとった。

사진을 찍었다.

かのじょ な
彼女が泣いた。

그녀가 울었다.

ふく か
服を買った。

옷을 샀다.

ともだち ま
友達を待った。

친구를 기다렸다.

ガムをか<sub>んだ</sub>。

껌을 씹었다.

ケーキを作<sup>つく</sup>った。

케이크를 만들었다.

電話<sup>でんわ</sup>を探<sup>さが</sup>した。

전화를 찾았다.

韓国<sup>かんこく</sup>に来<sup>き</sup>た。

한국에 왔다.

運動<sup>うんどう</sup>をした。

운동을 했다.

## 배운문장연습하기

**01.** 선생님을 만났다.

**02.** 이름을 기억했다.

**03.** 아침밥을 먹었다.

**04.** 연필을 빌렸다.

**05.** 술을 마셨다.

**06.** 편지를 썼다.

**07.** 손을 씻었다.

**08.** 음악을 들었다.

**09.** 피아노를 배웠다.

**10.** 비가 내렸다.

**11.** 노래를 불렀다.

**12.** 사진을 찍었다.

**13.** 그녀가 울었다.

**14.** 옷을 샀다.

**15.** 친구를 기다렸다.

**16.** 껌을 씹었다.

**17.** 케이크를 만들었다.

**18.** 전화를 찾았다.

**19.** 한국에 왔다.

**20.** 운동을 했다.

## 연습문제정답

**01.** 선생님을 만났다.
先生に会った。

**02.** 이름을 기억했다.
名前を覚えた。

**03.** 아침밥을 먹었다.
朝ご飯を食べた。

**04.** 연필을 빌렸다.
えんぴつを借りた。

**05.** 술을 마셨다.
お酒を飲んだ。

**06.** 편지를 썼다.
手紙を書いた。

**07.** 손을 씻었다.
手を洗った。

**08.** 음악을 들었다.
音楽を聞いた。

**09.** 피아노를 배웠다.
ピアノを習った。

**10.** 비가 내렸다.
雨が降った。

11. 노래를 불렀다.
    歌を歌った。

12. 사진을 찍었다.
    写真をとった。

13. 그녀가 울었다.
    彼女が泣いた。

14. 옷을 샀다.
    服を買った。

15. 친구를 기다렸다.
    友達を待った。

16. 껌을 씹었다.
    ガムをかんだ。

17. 케이크를 만들었다.
    ケーキを作った。

18. 전화를 찾았다.
    電話を探した。

19. 한국에 왔다.
    韓国に来た。

20. 운동을 했다.
    運動をした。

# 54강　일본에 산 적이 있습니다

## 문장구조

동사의 た형 + **たことがあります**
~한 적이 있습니다

동사의 た형 + **たことはありません**
~한 적은 없습니다

## 단어공부

| | | | |
|---|---|---|---|
| <ruby>倒<rt>たお</rt></ruby>れる | 쓰러지다 | <ruby>住<rt>す</rt></ruby>む | 살다 |
| なくす | 잃어버리다 | <ruby>飼<rt>か</rt></ruby>う | (동물을) 기르다 |
| <ruby>紹介<rt>しょうかい</rt></ruby>する | 소개하다 | <ruby>招待<rt>しょうたい</rt></ruby>する | 초대하다 |
| <ruby>財布<rt>さいふ</rt></ruby> | 지갑 | しんかんせん | 신간선 (신칸센) |
| <ruby>教会<rt>きょうかい</rt></ruby> | 교회 | おしばい | 연극 |

문장을 만들어 봅시다.

か
**飼う → った**
기르다

**＋たことがあります**
~한 적이 있습니다

の
**乗る → った**
타다

**＋たことはありません**
~한 적은 없습니다

す
**住む → んだ**
살다

**なくす → した**
잃어버리다

しょうかい
**紹介する → した**
소개하다

しょうたい
**招待する → した**
초대하다

たお
**倒れる → た**
쓰러지다

## 문장듣고따라하기

に ほん　　　　す
日本に住んだことがあります。

일본에 산 적이 있습니다.

いぬ　　　か
犬を飼ったことがあります。

개를 기른 적이 있습니다.

みち　　たお
道で倒れたことがあります。

길에서 쓰러진 적이 있습니다.

さいふ
財布をなくしたことがあります。

지갑을 잃어버린 적이 있습니다.

かれし　　　かぞく　　　しょうかい
彼氏を家族に紹介したことがあります。

남자친구를 가족에게 소개한 적이 있습니다.

문장을 듣고 따라 해 봅시다.

# 授業に遅れたことがあります。
수업에 늦은 적이 있습니다.

じゅぎょう / おく

# しんかんせんに乗ったことがあります。
신간선을 타 본 적이 있습니다.

の

# 教会に行ったことがあります。
교회에 간 적이 있습니다.

きょうかい / い

# おしばいを見たことがあります。
연극을 본 적이 있습니다.

み

# 先輩を家に招待したことがあります。
선배를 집에 초대한 적이 있습니다.

せんぱい / いえ / しょうたい

145

## 문장듣고따라하기

日本<sup>にほん</sup>に住<sup>す</sup>んだことはありません。

일본에 산 적은 없습니다.


ねこを飼<sup>か</sup>ったことはありません。

고양이를 기른 적은 없습니다.


道<sup>みち</sup>で倒<sup>たお</sup>れたことはありません。

길에서 쓰러진 적은 없습니다.


財布<sup>さいふ</sup>をなくしたことはありません。

지갑을 잃어버린 적은 없습니다.


彼女<sup>かのじょ</sup>を友達<sup>ともだち</sup>に紹介<sup>しょうかい</sup>したことはありません。

여자친구를 친구에게 소개한 적은 없습니다.

<ruby>私<rt>わたし</rt></ruby>は<ruby>授業<rt>じゅぎょう</rt></ruby>に<ruby>遅<rt>おく</rt></ruby>れたことはありません。

나는 수업에 늦은 적은 없습니다.

しんかんせんに<ruby>乗<rt>の</rt></ruby>ったことはありません。

신간선을 타 본 적은 없습니다.

<ruby>教会<rt>きょうかい</rt></ruby>に<ruby>行<rt>い</rt></ruby>ったことはありません。

교회에 간 적은 없습니다.

おしばいを<ruby>見<rt>み</rt></ruby>たことはありません。

연극을 본 적은 없습니다.

<ruby>後輩<rt>こうはい</rt></ruby>を<ruby>家<rt>いえ</rt></ruby>に<ruby>招待<rt>しょうたい</rt></ruby>したことはありません。

후배를 집에 초대한 적은 없습니다.

## 배운문장연습하기

**01.** 일본에 산 적이 있습니다.

**02.** 개를 기른 적이 있습니다.

**03.** 길에서 쓰러진 적이 있습니다.

**04.** 지갑을 잃어버린 적이 있습니다.

**05.** 남자친구를 가족에게 소개한 적이 있습니다.

**06.** 수업에 늦은 적이 있습니다.

**07.** 신간선을 타 본 적이 있습니다.

**08.** 교회에 간 적이 있습니다.

**09.** 연극을 본 적이 있습니다.

**10.** 선배를 집에 초대한 적이 있습니다.

11. 일본에 산 적은 없습니다.

12. 고양이를 기른 적은 없습니다.

13. 길에서 쓰러진 적은 없습니다.

14. 지갑을 잃어버린 적은 없습니다.

15. 여자친구를 친구에게 소개한 적은 없습니다.

16. 나는 수업에 늦은 적은 없습니다.

17. 신간선을 타 본 적은 없습니다.

18. 교회에 간 적은 없습니다.

19. 연극을 본 적은 없습니다.

20. 후배를 집에 초대한 적은 없습니다.

## 연습문제정답

**01.** 일본에 산 적이 있습니다.

日本に住んだことがあります。

**02.** 개를 기른 적이 있습니다.

犬を飼ったことがあります。

**03.** 길에서 쓰러진 적이 있습니다.

道で倒れたことがあります。

**04.** 지갑을 잃어버린 적이 있습니다.

財布をなくしたことがあります。

**05.** 남자친구를 가족에게 소개한 적이 있습니다.

彼氏を家族に紹介したことがあります。

**06.** 수업에 늦은 적이 있습니다.

授業に遅れたことがあります。

**07.** 신간선을 타 본 적이 있습니다.

しんかんせんに乗ったことがあります。

**08.** 교회에 간 적이 있습니다.

教会に行ったことがあります。

**09.** 연극을 본 적이 있습니다.

おしばいを見たことがあります。

**10.** 선배를 집에 초대한 적이 있습니다.

先輩を家に招待したことがあります。

11. 일본에 산 적은 없습니다.
日本に住んだことはありません。

12. 고양이를 기른 적은 없습니다.
ねこを飼ったことはありません。

13. 길에서 쓰러진 적은 없습니다.
道で倒れたことはありません。

14. 지갑을 잃어버린 적은 없습니다.
財布をなくしたことはありません。

15. 여자친구를 친구에게 소개한 적은 없습니다.
彼女を友達に紹介したことはありません。

16. 나는 수업에 늦은 적은 없습니다.
私は授業に遅れたことはありません。

17. 신간선을 타 본 적은 없습니다.
しんかんせんに乗ったことはありません。

18. 교회에 간 적은 없습니다.
教会に行ったことはありません。

19. 연극을 본 적은 없습니다.
おしばいを見たことはありません。

20. 후배를 집에 초대한 적은 없습니다.
後輩を家に招待したことはありません。

# 55강 아침 일찍 외출하는 게 좋습니다

## 문장구조

# 동사의 た형 + た方がいいです
### ~하는 게 좋습니다

\* 동사의 た형에 「~ほうがいいです」를 붙이면 '~하는 게 좋습니다, 낫습니다'라는 뜻이
됩니다. 이 표현은 상대방에게 충고하거나 조언할 때 쓰입니다.

## 단어공부

| | | | |
|---|---|---|---|
| **出かける** | 외출하다 | **乗り換える** | 갈아타다 |
| **やせる** | 살을 빼다,<br>살이 빠지다 | **立てる** | 세우다 |
| **降りる** | 내리다 | **連絡する** | 연락하다 |
| **予習** | 예습 | **復習** | 복습 |
| **計画** | 계획 | **レポート** | 보고서,<br>레포트 |

## 문장만들기

문장을 만들어 봅시다.

れんらく
連絡する → した
연락하다

ほう
＋た方がいいです
~하는 게 좋습니다

で
出かける → た
외출하다

の  か
乗り換える → た
갈아타다

やせる → た
살을 빼다

た
立てる → た
세우다

お
降りる → た
내리다

## 문장듣고따라하기

<ruby>朝<rt>あさ</rt></ruby>早<rt>はや</rt>く<ruby>出<rt>で</rt></ruby>かけた<ruby>方<rt>ほう</rt></ruby>がいいです。

아침 일찍 외출하는 게 좋습니다.

<ruby>週末<rt>しゅうまつ</rt></ruby>にはゆっくり<ruby>休<rt>やすん</rt></ruby>んだ<ruby>方<rt>ほう</rt></ruby>がいいです。

주말에는 느긋하게 쉬는 게 좋습니다.

ソウル<ruby>駅<rt>えき</rt></ruby>で<ruby>電車<rt>でんしゃ</rt></ruby>を<ruby>乗<rt>の</rt></ruby>り<ruby>換<rt>か</rt></ruby>えた<ruby>方<rt>ほう</rt></ruby>がいいです。

서울역에서 전차를 갈아타는 게 좋습니다.

もう<ruby>少<rt>すこ</rt></ruby>しやせた<ruby>方<rt>ほう</rt></ruby>がいいです。

조금 더 살을 빼는 게 좋습니다.

* もう少し : 조금 더

<ruby>早<rt>はや</rt></ruby>く<ruby>計画<rt>けいかく</rt></ruby>を<ruby>立<rt>た</rt></ruby>てた<ruby>方<rt>ほう</rt></ruby>がいいです。

빨리 계획을 세우는 게 좋습니다.

154

ここで<ruby>降<rt>お</rt></ruby>りた<ruby>方<rt>ほう</rt></ruby>がいいです。

여기서 내리는 게 좋습니다.

<ruby>彼<rt>かれ</rt></ruby>を<ruby>家族<rt>かぞく</rt></ruby>に<ruby>紹介<rt>しょうかい</rt></ruby>した<ruby>方<rt>ほう</rt></ruby>がいいです。

그를 가족에게 소개하는 게 좋습니다.

<ruby>授業<rt>じゅぎょう</rt></ruby>の<ruby>予習<rt>よしゅう</rt></ruby>をした<ruby>方<rt>ほう</rt></ruby>がいいです。

수업의 예습을 하는 게 좋습니다.

<ruby>授業<rt>じゅぎょう</rt></ruby>の<ruby>復習<rt>ふくしゅう</rt></ruby>をした<ruby>方<rt>ほう</rt></ruby>がいいです。

수업의 복습을 하는 게 좋습니다.

<ruby>早<rt>はや</rt></ruby>くレポートを<ruby>出<rt>だ</rt></ruby>した<ruby>方<rt>ほう</rt></ruby>がいいです。

빨리 레포트를 내는 게 좋습니다.

## 문장듣고따라하기

<ruby>朝<rt>あさ</rt></ruby>早<rt>はや</rt>く<ruby>起<rt>お</rt></ruby>きた<ruby>方<rt>ほう</rt></ruby>がいいです。

아침 일찍 일어나는 게 좋습니다.

<ruby>早<rt>はや</rt></ruby>く<ruby>連絡<rt>れんらく</rt></ruby>した<ruby>方<rt>ほう</rt></ruby>がいいです。

빨리 연락하는 것이 좋습니다.

ゆっくり<ruby>考<rt>かんが</rt></ruby>えた<ruby>方<rt>ほう</rt></ruby>がいいです。

천천히 생각하는 게 좋습니다.

<ruby>彼<rt>かれ</rt></ruby>と<ruby>別<rt>わか</rt></ruby>れた<ruby>方<rt>ほう</rt></ruby>がいいです。

그와 헤어지는 게 좋습니다.

<ruby>早<rt>はや</rt></ruby>く<ruby>決<rt>き</rt></ruby>めた<ruby>方<rt>ほう</rt></ruby>がいいです。

빨리 결정하는 게 좋습니다.

156

この漢字は覚えた方がいいです。

이 한자는 기억하는 게 좋습니다.

朝ご飯は食べた方がいいです。

아침밥은 먹는 게 좋습니다.

早く病院に行った方がいいです。

빨리 병원에 가는 게 좋습니다.

せんたくきを買った方がいいです。

세탁기를 사는 게 좋습니다.

もう少し待った方がいいです。

조금 더 기다리는 게 좋습니다.

## 배운문장연습하기

**01.** 아침 일찍 외출하는 게 좋습니다.

**02.** 주말에는 느긋하게 쉬는 게 좋습니다.

**03.** 서울역에서 전차를 갈아타는 게 좋습니다.

**04.** 조금 더 살을 빼는 게 좋습니다.

**05.** 빨리 계획을 세우는 게 좋습니다.

**06.** 여기서 내리는 게 좋습니다.

**07.** 그를 가족에게 소개하는 게 좋습니다.

**08.** 수업의 예습을 하는 게 좋습니다.

**09.** 수업의 복습을 하는 게 좋습니다.

**10.** 빨리 레포트를 내는 게 좋습니다.

**11.** 아침 일찍 일어나는 게 좋습니다.

**12.** 빨리 연락하는 것이 좋습니다.

**13.** 천천히 생각하는 게 좋습니다.

**14.** 그와 헤어지는 게 좋습니다.

**15.** 빨리 결정하는 게 좋습니다.

**16.** 이 한자는 기억하는 게 좋습니다.

**17.** 아침밥은 먹는 게 좋습니다.

**18.** 빨리 병원에 가는 게 좋습니다.

**19.** 세탁기를 사는 게 좋습니다.

**20.** 조금 더 기다리는 게 좋습니다.

## 연습문제정답

**01.** 아침 일찍 외출하는 게 좋습니다.
朝早く出かけた方がいいです。

**02.** 주말에는 느긋하게 쉬는 게 좋습니다.
週末にはゆっくり休んだ方がいいです。

**03.** 서울역에서 전차를 갈아타는 게 좋습니다.
ソウル駅で電車を乗り換えた方がいいです。

**04.** 조금 더 살을 빼는 게 좋습니다.
もう少しやせた方がいいです。

**05.** 빨리 계획을 세우는 게 좋습니다.
早く計画を立てた方がいいです。

**06.** 여기서 내리는 게 좋습니다.
ここで降りた方がいいです。

**07.** 그를 가족에게 소개하는 게 좋습니다.
彼を家族に紹介した方がいいです。

**08.** 수업의 예습을 하는 게 좋습니다.
授業の予習をした方がいいです。

**09.** 수업의 복습을 하는 게 좋습니다.
授業の復習をした方がいいです。

**10.** 빨리 레포트를 내는 게 좋습니다.
早くレポートを出した方がいいです。

**11.** 아침 일찍 일어나는 게 좋습니다.
朝早く起きた方がいいです。

**12.** 빨리 연락하는 것이 좋습니다.
早く連絡した方がいいです。

**13.** 천천히 생각하는 게 좋습니다.
ゆっくり考えた方がいいです。

**14.** 그와 헤어지는 게 좋습니다.
彼と別れた方がいいです。

**15.** 빨리 결정하는 게 좋습니다.
早く決めた方がいいです。

**16.** 이 한자는 기억하는 게 좋습니다.
この漢字は覚えた方がいいです。

**17.** 아침밥은 먹는 게 좋습니다.
朝ご飯は食べた方がいいです。

**18.** 빨리 병원에 가는 게 좋습니다.
早く病院に行った方がいいです。

**19.** 세탁기를 사는 게 좋습니다.
せんたくきを買った方がいいです。

**20.** 조금 더 기다리는 게 좋습니다.
もう少し待った方がいいです。

# 56강  동사의 의지형

## 활용규칙

동사의 의지형은 '~하자'는 뜻을 가지며, 말하는 사람의 의지나 의견을 나타낼 때 씁니다. 의지형 역시 동사의 그룹에 따라 활용하는 방법이 달라집니다.

■ 1그룹동사

### う단 → お단 + う

1그룹동사를 의지형으로 만들 때는 동사 끝의 う단을 お단으로 바꾸고 う를 붙여줍니다.

예  うたう → うたおう　　まつ → まとう

のる → のろう　　しぬ → しのう

のむ → のもう　　よぶ → よぼう

かく → かこう　　いそぐ → いそごう

**활용규칙**

■ 2그룹동사

る + よう

2그룹동사를 부정할 때는 동사 끝의「る」를 없애고「よう」를 붙여줍니다.

예  たべる → たべよう    みる → みよう

■ 3그룹동사

する → しよう   くる → こよう

3그룹동사는 불규칙하게 변화하므로 변화형을 외워둡니다.

예  くる → こよう

しょうかいする → しょうかいしよう

## 문장듣고따라하기

<ruby>手紙<rt>てがみ</rt></ruby>を<ruby>書<rt>か</rt></ruby>こう。

편지를 쓰자.

<ruby>切手<rt>きって</rt></ruby>を<ruby>集<rt>あつ</rt></ruby>めよう。

우표를 모으자.

<ruby>一緒<rt>いっしょ</rt></ruby>に<ruby>考<rt>かんが</rt></ruby>えよう。

같이 생각하자.

<ruby>窓<rt>まど</rt></ruby>を<ruby>閉<rt>し</rt></ruby>めよう。

창문을 닫자.

<ruby>手<rt>て</rt></ruby>を<ruby>洗<rt>あら</rt></ruby>おう。

손을 씻자.

がっこう い
学校に行こう。

학교에 가자.


いっしょ
一緒におどろう。

같이 춤추자.


すこ ま
少し待とう。

조금 기다리자.


あした こ
明日来よう。

내일 오자.


うんどう
運動をしよう。

운동을 하자.

## 문장듣고따라하기

<ruby>日本<rt>にほん</rt></ruby>に<ruby>行<rt>い</rt></ruby>こう。

일본에 가자.


<ruby>映画<rt>えいが</rt></ruby>を<ruby>見<rt>み</rt></ruby>よう。

영화를 보자.


<ruby>新聞<rt>しんぶん</rt></ruby>を<ruby>読<rt>よ</rt></ruby>もう。

신문을 읽자.


<ruby>週末<rt>しゅうまつ</rt></ruby>に<ruby>会<rt>あ</rt></ruby>おう。

주말에 만나자.


<ruby>一緒<rt>いっしょ</rt></ruby>に<ruby>写真<rt>しゃしん</rt></ruby>をとろう。

같이 사진을 찍자.


166

いっしょ こ
一緒に来よう。

같이 오자.

ふく か
服を買おう。

옷을 사자.

いっしょ ある
一緒に歩こう。

같이 걷자.

いっしょ おんがく き
一緒に音楽を聞こう。

같이 음악을 듣자.

いっしょ か もの
一緒に買い物をしよう。

같이 쇼핑 하자.

## 배운문장연습하기

**01.** 편지를 쓰자.

**02.** 우표를 모으자.

**03.** 같이 생각하자.

**04.** 창문을 닫자.

**05.** 손을 씻자.

**06.** 학교에 가자.

**07.** 같이 춤추자.

**08.** 조금 기다리자.

**09.** 내일 오자.

**10.** 운동을 하자.

11. 일본에 가자.

12. 영화를 보자.

13. 신문을 읽자.

14. 주말에 만나자.

15. 같이 사진을 찍자.

16. 같이 오자.

17. 옷을 사자.

18. 같이 걷자.

19. 같이 음악을 듣자.

20. 같이 쇼핑을 하자.

## 연습문제정답

**01.** 편지를 쓰자.

手紙を書こう。

**02.** 우표를 모으자.

切手を集めよう。

**03.** 같이 생각하자.

一緒に考えよう。

**04.** 창문을 닫자.

窓を閉めよう。

**05.** 손을 씻자.

手を洗おう。

**06.** 학교에 가자.

学校に行こう。

**07.** 같이 춤추자.

一緒におどろう。

**08.** 조금 기다리자.

少し待とう。

**09.** 내일 오자.

明日来よう。

**10.** 운동을 하자.

運動をしよう。

**11.** 일본에 가자.

日本に行こう。

**12.** 영화를 보자.

映画を見よう。

**13.** 신문을 읽자.

新聞を読もう。

**14.** 주말에 만나자.

週末に会おう。

**15.** 같이 사진을 찍자.

一緒に写真をとろう。

**16.** 같이 오자.

一緒に来よう。

**17.** 옷을 사자.

服を買おう。

**18.** 같이 걷자.

一緒に歩こう。

**19.** 같이 음악을 듣자.

一緒に音楽を聞こう。

**20.** 같이 쇼핑을 하자.

一緒に買い物をしよう。

# 57강 일본에 가려고 생각합니다

## 문장구조

### 동사의 의지형 + と<ruby>思<rt>おも</rt></ruby>います
~하려고 생각합니다

## 단어공부

| | | | |
|---|---|---|---|
| <ruby>変<rt>か</rt></ruby>える | 바꾸다 | <ruby>釣<rt>つ</rt></ruby>る | 낚다 |
| <ruby>送<rt>おく</rt></ruby>る | 보내다 | やめる | 그만두다 |
| <ruby>泊<rt>と</rt></ruby>まる | 묵다, 숙박하다 | <ruby>告白<rt>こくはく</rt></ruby>する | 고백하다 |
| <ruby>結婚<rt>けっこん</rt></ruby>する | 결혼하다 | <ruby>魚<rt>さかな</rt></ruby> | 물고기 |
| バラ | 장미 | めがね | 안경 |

문장을 만들어 봅시다.

<sup>つ</sup>
**釣る → ろう**
낚다

**＋**

<sup>おも</sup>
**と思います**
~하려고 생각합니다

<sup>おく</sup>
**送る → ろう**
보내다

<sup>と</sup>
**泊まる → ろう**
묵다, 숙박하다

<sup>か</sup>
**変える → よう**
바꾸다

**やめる → よう**
그만두다

<sup>こくはく</sup>
**告白する → しよう**
고백하다

<sup>けっこん</sup>
**結婚する → しよう**
결혼하다

173

## 문장듣고따라하기

日本<sup>にほん</sup>に行<sup>い</sup>こうと思<sup>おも</sup>います。

일본에 가려고 생각합니다.

ホテルに泊<sup>と</sup>まろうと思<sup>おも</sup>います。

호텔에 묵으려고 생각합니다.

会社<sup>かいしゃ</sup>をやめようと思<sup>おも</sup>います。

회사를 그만두려고 생각합니다.

バラを送<sup>おく</sup>ろうと思<sup>おも</sup>います。

장미를 보내려고 생각합니다.

めがねを変<sup>か</sup>えようと思<sup>おも</sup>います。

안경을 바꾸려고 생각합니다.

きょう　こくはく　　　おも
今日、告白しようと思います。

오늘 고백하려고 생각합니다.

らいねん　けっこん　　　おも
来年、結婚しようと思います。

내년에 결혼하려고 생각합니다.

* 来年 : 내년　今年(ことし) : 올해　去年(きょねん) : 작년

うみ　さかな　つ　　　　おも
海で魚を釣ろうと思います。

바다에서 물고기를 낚으려고 생각합니다.

か　　おも
プレゼントを買おうと思います。

선물을 사려고 생각합니다.

にほんご　べんきょう　　　　おも
日本語の勉強をしようと思います。

일본어 공부를 하려고 생각합니다.

175

**문장듣고따라하기**

友達に手紙を書こうと思います。
<small>ともだち　てがみ　か　　　　　おも</small>

친구에게 편지를 쓰려고 생각합니다.

古い切手を集めようと思います。
<small>ふる　きって　あつ　　　　　おも</small>

오래된 우표를 모으려고 생각합니다.

レストランを予約しようと思います。
<small>よやく　　　　　おも</small>

레스토랑을 예약하려고 생각합니다.

もっと運動をしようと思います。
<small>うんどう　　　　　おも</small>

좀 더 운동을 하려고 생각합니다.

* もっと : 좀 더

毎日新聞を読もうと思います。
<small>まいにち しんぶん　よ　　　　　おも</small>

매일 신문을 읽으려고 생각합니다.

# 新しい服を買おうと思います。

새 옷을 사려고 생각합니다.

# 明日、もう一度来ようと思います。

내일 한번 더 오려고 생각합니다.

\* もう一度 : 한번 더

# 週末の計画を立てようと思います。

주말 계획을 세우려고 생각합니다.

# 8時に寝ようと思います。

8시에 자려고 생각합니다.

# ソウル駅で電車を乗り換えようと思います。

서울역에서 전차를 갈아타려고 생각합니다.

## 배운문장연습하기

**01.**  일본에 가려고 생각합니다.

**02.**  호텔에 묵으려고 생각합니다.

**03.**  회사를 그만두려고 생각합니다.

**04.**  장미를 보내려고 생각합니다.

**05.**  안경을 바꾸려고 생각합니다.

**06.**  오늘 고백하려고 생각합니다.

**07.**  내년에 결혼하려고 생각합니다.

**08.**  바다에서 물고기를 낚으려고 생각합니다.

**09.**  선물을 사려고 생각합니다.

**10.**  일본어 공부를 하려고 생각합니다.

**11.** 친구에게 편지를 쓰려고 생각합니다.

**12.** 오래된 우표를 모으려고 생각합니다.

**13.** 레스토랑을 예약하려고 생각합니다.

**14.** 좀 더 운동을 하려고 생각합니다.

**15.** 매일 신문을 읽으려고 생각합니다.

**16.** 새 옷을 사려고 생각합니다.

**17.** 내일 한번 더 오려고 생각합니다.

**18.** 주말 계획을 세우려고 생각합니다.

**19.** 8시에 자려고 생각합니다.

**20.** 서울역에서 전차를 갈아타려고 생각합니다.

## 연습문제정답

**01.** 일본에 가려고 생각합니다.

日本に行こうと思います。

**02.** 호텔에 묵으려고 생각합니다.

ホテルに泊まろうと思います。

**03.** 회사를 그만두려고 생각합니다.

会社をやめようと思います。

**04.** 장미를 보내려고 생각합니다.

バラを送ろうと思います。

**05.** 안경을 바꾸려고 생각합니다.

めがねを変えようと思います。

**06.** 오늘 고백하려고 생각합니다.

今日、告白しようと思います。

**07.** 내년에 결혼하려고 생각합니다.

来年、結婚しようと思います。

**08.** 바다에서 물고기를 낚으려고 생각합니다.

海で魚を釣ろうと思います。

**09.** 선물을 사려고 생각합니다.

プレゼントを買おうと思います。

**10.** 일본어 공부를 하려고 생각합니다.

日本語の勉強をしようと思います。

**11.** 친구에게 편지를 쓰려고 생각합니다.

友達に手紙を書こうと思います。

**12.** 오래된 우표를 모으려고 생각합니다.

古い切手を集めようと思います。

**13.** 레스토랑을 예약하려고 생각합니다.

レストランを予約しようと思います。

**14.** 좀 더 운동을 하려고 생각합니다.

もっと運動をしようと思います。

**15.** 매일 신문을 읽으려고 생각합니다.

毎日新聞を読もうと思います。

**16.** 새 옷을 사려고 생각합니다.

新しい服を買おうと思います。

**17.** 내일 한번 더 오려고 생각합니다.

明日、もう一度来ようと思います。

**18.** 주말 계획을 세우려고 생각합니다.

週末の計画を立てようと思います。

**19.** 8시에 자려고 생각합니다.

8時に寝ようと思います。

**20.** 서울역에서 전차를 갈아타려고 생각합니다.

ソウル駅で電車を乗り換えようと思います。

# 58강     운전을 할 수 있습니다

## 문장구조

동사의 기본형 + ことができます

~할 수 있습니다

## 단어공부

| | | | |
|---|---|---|---|
| うんてん<br>**運転する** | 운전하다 | ちゅうもん<br>**注文する** | 주문하다 |
| ちゅうしゃ<br>**駐車する** | 주차하다 | い<br>**言う** | 말하다 |
| **メニュー** | 메뉴 | **ネット** | 인터넷 |
| じゅうしょ<br>**住所** | 주소 | でんわばんごう<br>**電話番号** | 전화번호 |
| いけん<br>**意見** | 의견 | じゆう<br>**自由に** | 자유롭게 |

182

言<sup>い</sup>う
말하다

**+ ことができます**
~할 수 있습니다

運転<sup>うんてん</sup>する
운전하다

注文<sup>ちゅうもん</sup>する
주문하다

駐車<sup>ちゅうしゃ</sup>する
주차하다

## 문장듣고따라하기

電車<sup></sup>で帰る<sup></sup>ことができます。

전차로 돌아갈 수 있습니다.


会社<sup></sup>まで自転車<sup></sup>で行く<sup></sup>ことができます。

회사까지 자전거로 갈 수 있습니다.

* 自転車: 자전거

バスを運転<sup></sup>することができます。

버스를 운전할 수 있습니다.


自由<sup></sup>に意見<sup></sup>を言う<sup></sup>ことができます。

자유롭게 의견을 말할 수 있습니다.


このメニューは5時<sup></sup>から注文<sup></sup>することができます。

이 메뉴는 5시부터 주문할 수 있습니다.

でんわばんごう おぼ
電話番号を覚えることができます。

전화번호를 기억할 수 있습니다.


がっこう ある
学校まで歩くことができます。

학교까지 걸을 수 있습니다.


ちゅうしゃ
ここに駐車することができます。

여기에 주차할 수 있습니다.


ちゅうもん
このCDはネットで注文することができます。

이 CD는 인터넷에서 주문할 수 있습니다.


か
このブランドはデパートで買うことができ
ます。

이 브랜드는 백화점에서 살 수 있습니다.

* ブランド: 브랜드

**문장듣고따라하기**

漢字を読むことができます。

한자를 읽을 수 있습니다.

中国語を話すことができます。

중국어로 이야기할 수 있습니다.

週末にはゆっくり休むことができます。

주말에는 느긋하게 쉴 수 있습니다.

漢字で名前を書くことができます。

한자로 이름을 쓸 수 있습니다.

日本語の歌を歌うことができます。

일본어 노래를 부를 수 있습니다.

一人で旅行する<ruby>旅行<rt>りょこう</rt></ruby>ことができます。

혼자서 여행할 수 있습니다.

住所を覚えることができます。

주소를 기억할 수 있습니다.

英語を話すことができます。

영어로 이야기할 수 있습니다.

ここでバスに乗ることができます。

이곳에서 버스를 탈 수 있습니다.

コンビニで薬を買うことができます。

편의점에서 약을 살 수 있습니다.

## 배운문장연습하기

**01.** 전차로 돌아갈 수 있습니다.

**02.** 회사까지 자전거로 갈 수 있습니다.

**03.** 버스를 운전할 수 있습니다.

**04.** 자유롭게 의견을 말할 수 있습니다.

**05.** 이 메뉴는 5시부터 주문할 수 있습니다.

**06.** 전화번호를 기억할 수 있습니다.

**07.** 학교까지 걸을 수 있습니다.

**08.** 여기에 주차할 수 있습니다.

**09.** 이 CD는 인터넷에서 주문할 수 있습니다.

**10.** 이 브랜드는 백화점에서 살 수 있습니다.

11. 한자를 읽을 수 있습니다.

12. 중국어로 이야기할 수 있습니다.

13. 주말에는 느긋하게 쉴 수 있습니다.

14. 한자로 이름을 쓸 수 있습니다.

15. 일본어 노래를 부를 수 있습니다.

16. 혼자서 여행할 수 있습니다.

17. 주소를 기억할 수 있습니다.

18. 영어로 이야기할 수 있습니다.

19. 이곳에서 버스를 탈 수 있습니다.

20. 편의점에서 약을 살 수 있습니다.

## 연습문제정답

**01.** 전차로 돌아갈 수 있습니다.

電車で帰ることができます。

**02.** 회사까지 자전거로 갈 수 있습니다.

会社まで自転車で行くことができます。

**03.** 버스를 운전할 수 있습니다.

バスを運転することができます。

**04.** 자유롭게 의견을 말할 수 있습니다.

自由に意見を言うことができます。

**05.** 이 메뉴는 5시부터 주문할 수 있습니다.

このメニューは5時から注文することができます。

**06.** 전화번호를 기억할 수 있습니다.

電話番号を覚えることができます。

**07.** 학교까지 걸을 수 있습니다.

学校まで歩くことができます。

**08.** 여기에 주차할 수 있습니다.

ここに駐車することができます。

**09.** 이 CD는 인터넷에서 주문할 수 있습니다.

このCDはネットで注文することができます。

**10.** 이 브랜드는 백화점에서 살 수 있습니다.

このブランドはデパートで買うことができます。

11. 한자를 읽을 수 있습니다.

漢字を読むことができます。

12. 중국어로 이야기할 수 있습니다.

中国語を話すことができます。

13. 주말에는 느긋하게 쉴 수 있습니다.

週末にはゆっくり休むことができます。

14. 한자로 이름을 쓸 수 있습니다.

漢字で名前を書くことができます。

15. 일본어 노래를 부를 수 있습니다.

日本語の歌を歌うことができます。

16. 혼자서 여행할 수 있습니다.

一人で旅行することができます。

17. 주소를 기억할 수 있습니다.

住所を覚えることができます。

18. 영어로 이야기할 수 있습니다.

英語を話すことができます。

19. 이곳에서 버스를 탈 수 있습니다.

ここでバスに乗ることができます。

20. 편의점에서 약을 살 수 있습니다.

コンビニで薬を買うことができます。

■ 수수표현
59~60강

# 59강 나는 부모님께 카네이션을 드렸습니다

## 문장구조

나/타인 + は + 타인 + に + ____ + を + あげました
　　　　　은/는　　　　　~에게　　　　　을/를　　　　주었습니다

\* 「あげる」는 '주다'라는 뜻을 가진 동사로, <u>내가 타인에게 무언가를 주었을 때</u>, <u>타인이 타인에게 무언가를 주었을 때</u> 사용합니다.

## 단어공부

| | | | |
|---|---|---|---|
| <ruby>両親<rt>りょうしん</rt></ruby> | 부모님 | **ゆびわ** | 반지 |
| **くつ** | 신발 | **かさ** | 우산 |
| **てぶくろ** | 장갑 | **カーネーション** | 카네이션 |
| **チョコレート** | 초콜릿 | **キャンディー** | 사탕 (캔디) |
| **クッキー** | 쿠키 | **セーター** | 스웨터 |

194

## 문장만들기

문장을 만들어 봅시다.

나/타인 **+ は +** 타인 **+ に +**
　　　　 은/는 　　　　 ~에게

**ゆびわ**
반지

**＋ を ＋ あげました**
　 을/를 　 주었습니다

**くつ**
신발

**かさ**
우산

**てぶくろ**
장갑

**カーネーション**
카네이션

**チョコレート**
초콜릿

**キャンディー**
사탕

**クッキー**
쿠키

**セーター**
스웨터

## 문장듣고따라하기

私は彼女にゆびわをあげました。

나는 여자친구에게 반지를 주었습니다.

私は父にくつをあげました。

나는 아버지께 신발을 드렸습니다.

私は友達にさいふをあげました。

나는 친구에게 지갑을 주었습니다.

私は弟にてぶくろをあげました。

나는 남동생에게 장갑을 주었습니다.

私はたなかさんにかさをあげました。

나는 다나카 씨에게 우산을 주었습니다.

私は母にセーターをあげました。

나는 어머니께 스웨터를 드렸습니다.

私は彼氏にチョコレートをあげました。

나는 남자친구에게 초콜릿을 주었습니다.

私は彼女にキャンディーをあげました。

나는 여자친구에게 사탕을 주었습니다.

私はよしもとさんにクッキーをあげました。

나는 요시모토 씨에게 쿠키를 주었습니다.

私は両親にカーネーションをあげました。

나는 부모님께 카네이션을 드렸습니다.

## 문장듣고따라하기

かれ　かのじょ
彼は彼女にゆびわをあげました。

그는 여자친구에게 반지를 주었습니다.

あね　ちち
姉は父にてぶくろをあげました。

언니는 아버지께 장갑을 드렸습니다.

ともだち　せんせい
友達は先生にクッキーをあげました。

친구는 선생님께 쿠키를 드렸습니다.

おとうと　かのじょ
弟は彼女にキャンディーをあげました。

남동생은 여자친구에게 사탕을 주었습니다.

こども　ともだち
子供は友達にかさをあげました。

아이는 친구에게 우산을 주었습니다.

문장을 듣고 따라 해 봅시다.

妹は母にカーネーションをあげました。

여동생은 어머니께 카네이션을 드렸습니다.

弟は両親にセーターをあげました。

남동생은 부모님께 스웨터를 드렸습니다.

彼女はパクさんにかばんをあげました。

그녀는 박 씨에게 가방을 주었습니다.

パクさんは友達にプレゼントをあげました。

박 씨는 친구에게 선물을 주었습니다.

先生は学生に本をあげました。

선생님은 학생에게 책을 주었습니다.

## 배운문장연습하기

**01.** 나는 여자친구에게 반지를 주었습니다.

**02.** 나는 아버지께 신발을 드렸습니다.

**03.** 나는 친구에게 지갑을 주었습니다.

**04.** 나는 남동생에게 장갑을 주었습니다.

**05.** 나는 다나카 씨에게 우산을 주었습니다.

**06.** 나는 어머니께 스웨터를 드렸습니다.

**07.** 나는 남자친구에게 초콜릿을 주었습니다.

**08.** 나는 여자친구에게 사탕을 주었습니다.

**09.** 나는 요시모토 씨에게 쿠키를 주었습니다.

**10.** 나는 부모님께 카네이션을 드렸습니다.

**11.** 그는 여자친구에게 반지를 주었습니다.

**12.** 언니는 아버지께 장갑을 드렸습니다.

**13.** 친구는 선생님께 쿠키를 드렸습니다.

**14.** 남동생은 여자친구에게 사탕을 주었습니다.

**15.** 아이는 친구에게 우산을 주었습니다.

**16.** 여동생은 어머니께 카네이션을 드렸습니다.

**17.** 남동생은 부모님께 스웨터를 드렸습니다.

**18.** 그녀는 박 씨에게 가방을 주었습니다.

**19.** 박 씨는 친구에게 선물을 주었습니다.

**20.** 선생님은 학생에게 책을 주었습니다.

## 연습문제정답

**01.** 나는 여자친구에게 반지를 주었습니다.
私は彼女にゆびわをあげました。

**02.** 나는 아버지께 신발을 드렸습니다.
私は父にくつをあげました。

**03.** 나는 친구에게 지갑을 주었습니다.
私は友達にさいふをあげました。

**04.** 나는 남동생에게 장갑을 주었습니다.
私は弟にてぶくろをあげました。

**05.** 나는 다나카 씨에게 우산을 주었습니다.
私はたなかさんにかさをあげました。

**06.** 나는 어머니께 스웨터를 드렸습니다.
私は母にセーターをあげました。

**07.** 나는 남자친구에게 초콜릿을 주었습니다.
私は彼氏にチョコレートをあげました。

**08.** 나는 여자친구에게 사탕을 주었습니다.
私は彼女にキャンディーをあげました。

**09.** 나는 요시모토 씨에게 쿠키를 주었습니다.
私はよしもとさんにクッキーをあげました。

**10.** 나는 부모님께 카네이션을 드렸습니다.
私は両親にカーネーションをあげました。

**11.** 그는 여자친구에게 반지를 주었습니다.

彼は彼女にゆびわをあげました。

**12.** 언니는 아버지께 장갑을 드렸습니다.

姉は父にてぶくろをあげました。

**13.** 친구는 선생님께 쿠키를 드렸습니다.

友達は先生にクッキーをあげました。

**14.** 남동생은 여자친구에게 사탕을 주었습니다.

弟は彼女にキャンディーをあげました。

**15.** 아이는 친구에게 우산을 주었습니다.

子供は友達にかさをあげました。

**16.** 여동생은 어머니께 카네이션을 드렸습니다.

妹は母にカーネーションをあげました。

**17.** 남동생은 부모님께 스웨터를 드렸습니다.

弟は両親にセーターをあげました。

**18.** 그녀는 박 씨에게 가방을 주었습니다.

彼女はパクさんにかばんをあげました。

**19.** 박 씨는 친구에게 선물을 주었습니다.

パクさんは友達にプレゼントをあげました。

**20.** 선생님은 학생에게 책을 주었습니다.

先生は学生に本をあげました。

# 60강 남자친구는 나에게 향수를 주었습니다

## 문장구조

나/타인 ＋ は ＋ <ruby>私<rt>わたし</rt></ruby>に ＋ 　 ＋ を ＋ くれました

은/는　　나에게　　　　　을/를　　주었습니다

\* 「くれる」는 '주다'라는 뜻을 가진 동사로, '타인'이 '나'에게 무언가를 줄 때 사용합니다.

## 단어공부

| | | | |
|---|---|---|---|
| <ruby>孫<rt>まご</rt></ruby> | 손자 | <ruby>社長<rt>しゃちょう</rt></ruby> | 사장 |
| <ruby>夫<rt>おっと</rt></ruby> | 남편 | <ruby>妻<rt>つま</rt></ruby> | 아내 |
| <ruby>花束<rt>はなたば</rt></ruby> | 꽃다발 | じしょ | 사전 |
| <ruby>香水<rt>こうすい</rt></ruby> | 향수 | おこづかい | 용돈 |
| チケット | 티켓 | ハンカチ | 손수건 |

문장을 만들어 봅시다.

타인 **+ は +** <ruby>私<rt>わたし</rt></ruby>に **+**
은/는       나에게

<ruby>花束<rt>はなたば</rt></ruby>      **+ を + くれました**
꽃다발        을/를     주었습니다

**じしょ**
사전

<ruby>香水<rt>こうすい</rt></ruby>
향수

**おこづかい**
용돈

**チケット**
티켓

**ハンカチ**
손수건

## 문장듣고따라하기

<ruby>彼氏<rt>かれし</rt></ruby>は<ruby>私<rt>わたし</rt></ruby>に<ruby>香水<rt>こうすい</rt></ruby>をくれました。

남자친구는 나에게 향수를 주었습니다.

<ruby>彼女<rt>かのじょ</rt></ruby>は<ruby>私<rt>わたし</rt></ruby>にハンカチをくれました。

여자친구는 나에게 손수건을 주었습니다.

<ruby>息子<rt>むすこ</rt></ruby>は<ruby>私<rt>わたし</rt></ruby>にセーターをくれました。

아들은 나에게 스웨터를 주었습니다.

<ruby>娘<rt>むすめ</rt></ruby>は<ruby>私<rt>わたし</rt></ruby>にカーネーションをくれました。

딸은 나에게 카네이션을 주었습니다.

<ruby>店員<rt>てんいん</rt></ruby>は<ruby>私<rt>わたし</rt></ruby>にパンフレットをくれました。

점원은 나에게 팜플렛을 주었습니다.

* パンフレット : 팜플렛

孫は私にてぶくろをくれました。

손자는 나에게 장갑을 주었습니다.

社長は私に花束をくれました。

사장님은 나에게 꽃다발을 주었습니다.

先生は私に日本の新聞をくれました。

선생님은 나에게 일본 신문을 주었습니다.

先生は私に英語のじしょをくれました。

선생님은 나에게 영어사전을 주었습니다.

たなかさんは私にコンサートのチケット
をくれました。

다나카 씨는 나에게 콘서트 티켓을 주었습니다.

## 문장듣고따라하기

<ruby>夫<rt>おっと</rt></ruby>は<ruby>私<rt>わたし</rt></ruby>にゆびわをくれました。

남편은 나에게 반지를 주었습니다.

<ruby>妻<rt>つま</rt></ruby>は<ruby>私<rt>わたし</rt></ruby>にとけいをくれました。

아내는 나에게 시계를 주었습니다.

<ruby>社長<rt>しゃちょう</rt></ruby>は<ruby>私<rt>わたし</rt></ruby>に<ruby>休<rt>やす</rt></ruby>みをくれました。

사장님은 나에게 휴가를 주었습니다.

<ruby>妹<rt>いもうと</rt></ruby>は<ruby>私<rt>わたし</rt></ruby>ににんぎょうをくれました。

여동생은 나에게 인형을 주었습니다.

<ruby>店員<rt>てんいん</rt></ruby>は<ruby>私<rt>わたし</rt></ruby>に<ruby>水<rt>みず</rt></ruby>をくれました。

점원은 나에게 물을 주었습니다.

文장을 듣고 따라 해 봅시다.

りょうしん わたし
**両親は私にゆびわをくれました。**

부모님은 나에게 반지를 주었습니다.

むすこ わたし ほん
**息子は私に本をくれました。**

아들은 나에게 책을 주었습니다.

むすめ わたし
**娘は私にハンカチをくれました。**

딸은 나에게 손수건을 주었습니다.

りょうしん わたし
**両親は私におこづかいをくれました。**

부모님은 나에게 용돈을 주었습니다.

ともだち わたし えいが
**友達は私に映画のチケットをくれました。**

친구는 나에게 영화 티켓을 주었습니다.

## 배운문장연습하기

**01.** 남자친구는 나에게 향수를 주었습니다.

**02.** 여자친구는 나에게 손수건을 주었습니다.

**03.** 아들은 나에게 스웨터를 주었습니다.

**04.** 딸은 나에게 카네이션을 주었습니다.

**05.** 점원은 나에게 팜플렛을 주었습니다.

**06.** 손자는 나에게 장갑을 주었습니다.

**07.** 사장님은 나에게 꽃다발을 주었습니다.

**08.** 선생님은 나에게 일본 신문을 주었습니다.

**09.** 선생님은 나에게 영어사전을 주었습니다.

**10.** 다나카 씨는 나에게 콘서트 티켓을 주었습니다.

11.  남편은 나에게 반지를 주었습니다.

12.  아내는 나에게 시계를 주었습니다.

13.  사장님은 나에게 휴가를 주었습니다.

14.  여동생은 나에게 인형을 주었습니다.

15.  점원은 나에게 물을 주었습니다.

16.  부모님은 나에게 반지를 주었습니다.

17.  아들은 나에게 책을 주었습니다.

18.  딸은 나에게 손수건을 주었습니다.

19.  부모님은 나에게 용돈을 주었습니다.

20.  친구는 나에게 영화 티켓을 주었습니다.

## 연습문제정답

**01.** 남자친구는 나에게 향수를 주었습니다.
彼氏は私に香水をくれました。

**02.** 여자친구는 나에게 손수건을 주었습니다.
彼女は私にハンカチをくれました。

**03.** 아들은 나에게 스웨터를 주었습니다.
息子は私にセーターをくれました。

**04.** 딸은 나에게 카네이션을 주었습니다.
娘は私にカーネーションをくれました。

**05.** 점원은 나에게 팜플렛을 주었습니다.
店員は私にパンフレットをくれました。

**06.** 손자는 나에게 장갑을 주었습니다.
孫は私にてぶくろをくれました。

**07.** 사장님은 나에게 꽃다발을 주었습니다.
社長は私に花束をくれました。

**08.** 선생님은 나에게 일본 신문을 주었습니다.
先生は私に日本の新聞をくれました。

**09.** 선생님은 나에게 영어사전을 주었습니다.
先生は私に英語のじしょをくれました。

**10.** 다나카 씨는 나에게 콘서트 티켓을 주었습니다.
たなかさんは私にコンサートのチケットをくれました。

**11.** 남편은 나에게 반지를 주었습니다.
夫は私にゆびわをくれました。

**12.** 아내는 나에게 시계를 주었습니다.
妻は私にとけいをくれました。

**13.** 사장님은 나에게 휴가를 주었습니다.
社長は私に休みをくれました。

**14.** 여동생은 나에게 인형을 주었습니다.
妹は私ににんぎょうをくれました。

**15.** 점원은 나에게 물을 주었습니다.
店員は私に水をくれました。

**16.** 부모님은 나에게 반지를 주었습니다.
両親は私にゆびわをくれました。

**17.** 아들은 나에게 책을 주었습니다.
息子は私に本をくれました。

**18.** 딸은 나에게 손수건을 주었습니다.
娘は私にハンカチをくれました。

**19.** 부모님은 나에게 용돈을 주었습니다.
両親は私におこづかいをくれました。

**20.** 친구는 나에게 영화 티켓을 주었습니다.
友達は私に映画のチケットをくれました。

# 皆さん、お疲れ様でした！
## 여러분, 수고하셨습니다!